巴中国宝

政协巴中市委员会 编

中国文史出版社

图书在版编目（ＣＩＰ）数据

巴中国宝 / 政协巴中市委员会编 . -- 北京 : 中国
文史出版社 , 2024.3
ISBN 978-7-5205-4629-4

Ⅰ . ①巴… Ⅱ . ①政… Ⅲ . ①文化遗产—介绍—巴中
Ⅳ . ① K297.13

中国国家版本馆 CIP 数据核字 (2024) 第 051481 号

责任编辑：梁玉梅

出版发行：中国文史出版社

社　　址：北京市海淀区西八里庄路 69 号院　邮编：100142
电　　话：010-81136606 81136602 81136603（发行部）
传　　真：010-81136655
印　　装：北京新华印刷有限公司
经　　销：全国新华书店
开　　本：787mm×1092mm 1/16
印　　张：14.75
字　　数：156 千字
版　　次：2024 年 7 月北京第 1 版
印　　次：2024 年 7 月第 1 次印刷
定　　价：88.00 元

《巴中国宝》编委会

前　言

　　文物和文化遗产承载着中华民族的基因和血脉，是不可再生、不可替代的中华优秀文化资源，是灿若星辰的文化瑰宝，是中华文明的金色名片。为了更好地展示巴中文物的独特价值和魅力，守护好、传承好、阐释好中华文明优秀成果，加强文物价值挖掘，讲好文物背后的故事，丰富全社会的文化滋养，巴中市政协组织征编了《巴中国宝》文史专集。

　　巴中是中华文明的发祥地之一，是巴文化中心。5000 多年前，古代巴人就在这里繁衍生息。3000 多年前，这里的米仓古道成为南北政治、经济、文化交流的桥梁。1900 多年前置县建制，开启了文明新起点。三国时期楚汉战争的古迹，至今犹存。盛唐时期，摩崖彩雕石窟名扬华夏。90 多年前，红四方面军以这里为中心创建了川陕革命根据地，成为中华苏维埃共和国第二大区域。在浩瀚的历史长河中，巴中儿女在这片神奇的土地上创造了辉煌的历史和灿烂的文明，通过历史积淀留下的众多文物和文化遗产，是巴中宝贵的文化资源，是巴中人民的奋斗史、文化史、文明史、爱国史。

　　《巴中国宝》收录了巴中市巴州区、恩阳区、南江县、通江县、平昌县的全国重点文物保护单位，国家一、二级文物共 300 多件。主要包括巴中石窟、红四方面军总指挥部旧址、红四方面军总医院旧址、通江红军石刻标语群，以及陶瓷器、金银铜铁器、水晶玉器、书法文献、钱币、证件、印章等。这些珍贵文物不仅具有重要的文化和史料价值，而且还具有重要的艺术和科研价值，值得我们倍加珍惜。

征编《巴中国宝》是一项艰巨的文化建设工程。在市委、市政府的重视支持下，在市政协党组和主席会议的领导下，在各县区政协和市县区文物管理部门与文博单位的全力支持配合下，在具体从事征编工作同志的艰辛努力下，《巴中国宝》从征集史料到编辑出版，历时两年完成，殊为不易。

历史文化遗产不仅生动述说过去，也深刻影响未来。习近平总书记指出，要让收藏在博物馆里的文物、陈列在广阔大地上的遗产、书写在古籍里的文字都活起来。因此，我们要从历史与今天的对话中，激发民族自豪感，增强文化自信心，在建设中国式现代化巴中实践中续写新的辉煌。

编者

2023 年 8 月

目录

第二章　国家一级文物

第三章　国家二级文物

第一章

全国重点文物保护单位

● 双头瑞佛

第1节

四龛摩崖造像

　　巴中历史悠久，文化灿烂，文物丰富多彩，尤其以隋唐摩崖石刻著称于世。巴中摩崖石窟分布广泛，内容丰富，在四川石窟中具有重要的地位。巴中市境内现存石窟59处，500余龛，其中隋唐时期的佛教造像最多，共18处，450余龛，主要分布于巴中市周围的南龛、西龛、北龛、水宁寺，也称"四龛"。

南龛摩崖造像

　　位于巴中市巴州区城南的南龛山上，分布在长324米、宽40米的观音

● 南龛摩崖造像

● 西龛摩崖造像

岩、大佛洞区、神仙坡、老君洞、千佛崖、墓塔区、山门石、云屏石一带，分布面积 12960 平方米。造像开凿于隋，盛镌于唐，宋至明清均有增镌，有唐开元二十三年（735）、天宝十载（751）、乾元二年（759）造像记，坐西向东。现有龛窟 179 龛（其中瘗窟 24 龛），造像 2700 余尊，题记 15 幅，碑刻 79 通。南龛石窟是四龛中规模最大、保存最完整的石窟。主要内容有释迦牟尼佛、弥勒佛、菩提瑞像、千佛、阿弥陀佛与观音和地藏、双头瑞佛、如意轮观音菩萨、地藏菩萨、毗沙门天王、观音菩萨、观音与地藏菩萨、鬼子母以及经幢和墓塔等。

南龛摩崖造像内容丰富，造型精美，具有极高的历史、艺术价值，更是米仓道繁荣昌盛的佐证。1988 年，南龛摩崖造像被国务院公布为第三批全国重点文物保护单位。

西龛摩崖造像

分布在巴城的佛爷湾、流杯池、龙日寺三处自然绝壁上，分布面积4478平方米。现存龛窟91龛，造像2118尊。始凿于隋代，多为唐代作品，有隋大业五年（609）、唐开元三年（715）、唐乾符五年（878）等造像题记。西龛石窟是巴中现存石窟中开凿最早、内容最丰富的一处。造像内容主要有释迦牟尼佛、弥勒佛、阿弥陀佛、七佛、一佛二弟子二菩萨二天王二力士、天龙八部、千佛本生故事、释迦多宝并坐、西方净土变等，龛窟多为圆拱龛、佛帐龛，龛柱刻缠枝纹、忍冬纹等。西龛摩崖造像刀法洗练、多彩多姿，龛窟装饰华丽，图案工整巧密，具有极高的历史、宗教、雕刻艺术价值。

2001年，西龛摩崖造像被国务院公布为第五批全国重点文物保护单位，归入南龛摩崖造像合并项目。

北龛摩崖造像

地处巴中市城北苏山南麓，分布在长100米、高约8米、距地面高1米的天然岩石上，分布面积800平方米。现存龛窟34龛，造像348尊。始凿于初唐，以盛唐造像最多。主要有七佛、释迦、弥勒佛、菩提瑞像、二佛并坐、三佛、释迦老君并坐、药师观音地藏并立、观音立像和清代的碑刻、墓塔等。北龛摩崖造像雕刻精细，线条柔和，小巧玲珑，多彩多姿，尤其是浅浮雕刻

北龛摩崖造像

的飞天形象生动，伎乐天所持各种民族乐器
神态逼真，再现了佛教艺术的魅力和高超的
技法，是巴中石窟的精品佳作。

　　北龛摩崖造像于 1956 年被四川省人民
政府公布为省级文物保护单位；2001 年，被
国务院公布为第五批全国重点文物保护单
位，归入南龛摩崖造像合并项目。

水宁寺摩崖造像

　　位于距巴中城东 37 公里的水宁寺镇，
是古代巴蜀通往汉中的古道，即米仓道的必
经之处，现巴中到达州的高速公路在镇前
通过，这里在北宋乾德四年（966）以前称

始宁县，因位于南北交通要道上，是当时这一区域政治、经济和文化中心。

水宁寺旧称始宁寺，水宁寺摩崖造像主要分布在水宁村的水宁寺、千佛崖，佛龛村的佛龛子、二郎庙等处。今现存隋、唐造像38龛、316尊。主要有药师三尊、释迦说法、释迦弥勒并坐、观音善财龙女、一佛十菩萨等。其中位于

● 水宁寺摩崖造像

水宁寺山崖上的1—9号龛，是巴中现存石窟中雕刻最精美、最具艺术价值的造像。水宁寺石窟世俗化、民族化、女性化的特征明显。佛、菩萨以柔美的线条表现出女性的丰腴和秀美。第1、2号龛的主尊佛像，脸形椭圆，眼细而长，鼻子、嘴唇小巧，样貌慈祥、柔媚，宛如人间少女。龛楣更富有特色，以浮雕手法刻出多变的忍冬、莲花、缠枝、华帐、华绳等装饰。第1龛龛楣浮雕两个背向起舞、飞翔的飞天，长长的帔帛，裙带呈波浪起伏，迎风轻扬，增添了窟龛的富丽、堂皇，被誉为"盛唐彩雕、全国第一"。

2001年，水宁寺摩崖造像被国务院公布为第五批全国重点文物保护单位，归入南龛摩崖造像合并项目。

● 石门寺摩崖造像

白乳溪石窟

　　白乳溪石窟位于巴中市通江县广纳镇通江河左岸鲁班寺。

　　龛凿于唐代，现存龛窟23龛，造像155尊，碑刻3通，经幢1个，题记4幅，分布在四块锥形白砂岩石上，面积33.23平方米。分A、B、C、D四区，呈三角形布局。A区四面开龛，共有龛窟17个，造像126尊，题记4幅；B区2龛，造像5尊，碑刻3通，经幢1个；C区3龛，造像18尊；D区1龛，造像6

● 白乳溪石窟 A 区 1 号龛飞天

● 白乳溪石窟 C 区全景

● 白乳溪石窟 A 区 1 号龛主尊

● 白乳溪石窟 A 区

尊。题记年代最早为唐开元二十一年（733），最晚为宋元祐五年（1090）。

龛窟形式有单层圆形龛、双层方形龛、外方内圆形龛等。龛窟装饰华丽，龛楣刻卷草、忍冬、悬帐、华绳、云纹、四蒂花等图案。造像题材有佛、菩萨、天龙八部、力士、天王、供养人、乐伎等。造像组合形式有单尊、三尊、五尊、六尊、七尊、九尊等。造像中最具特色的 A 区净土变龛，龛内主尊身着通肩衣，头顶华盖，跏趺坐于龛中央带茎莲台上，两侧有接引菩萨及众菩萨围绕，手势、坐姿各异，造型生动，满目仙山琼阁，上刻飞天，下刻荷花、菩提树，一派歌舞升平的佛国景象。

该处石窟雕刻精美，装饰华丽，堪称盛唐时期佳作，具有较高的历史、艺术和科研价值。2013 年，白乳溪石窟被国务院公布为第七批全国重点文物保护单位。

第**3**节

通江千佛岩石窟

通江千佛岩石窟位于四川省巴中市通江县诺江镇千佛村，有龛窟54龛，内含浮雕石塔1座，造像3000余身，题记4幅，重妆题记2幅，碑刻2通，崖墓1个。此外，有窟檐建筑1座。雕凿区赋存岩体约38米，总分布面积200平方米。

通江县地处入川要道米仓道、汉壁道和洋壁道三道交会处，是蜀道的重要节点，特别是盛唐以后，广元方向的蜀道阻断，米仓道再次成为朝廷连通巴蜀的主要通道，通江的重要性愈发凸显，通江千佛岩石窟的开凿和兴盛真实地反映出了这一历史背景以及文化传播。一方面它反映了自秦汉时期以来的米仓道以及与之相关的文化传播；另一方面它体现了唐代佛教在巴蜀地区的兴盛和逐渐深入社会各阶层的史实。石窟是反映通江地区在唐代社会、经济、文化发展变迁历程的重要历史证据，所雕刻造像的衣着、形态也真实地反映了当

● 千佛岩石窟

时人民的生产、生活方式及思想观念、风俗习惯。

通江千佛岩石窟造型丰富，类型多样，布局多变，雕刻手法注重写实，形体比例准确，形象刻画细腻，有着较高的艺术水准，是通江乃至巴中地区佛教石窟艺术的代表作。通江千佛岩石窟 38 号龛中的七级佛塔是研究唐代建筑的重要例证，下层檐人字形斗拱和直拱的重叠使用，与西安大雁塔门楣石上的线刻图相互印证。

通江千佛岩石窟与周边山形水系，共同构成了一处环境优美、风光独特的佛教圣地，是通江人民的骄傲，也是通江地区一处重要的社会文化资源，是研究四川地区石窟历史和石窟艺术的宝贵实物资料。

2006 年，通江千佛岩石窟被国务院公布为第六批全国重点文物保护单位。

第 **4** 节

石门寺摩崖造像

石门寺摩崖造像位于巴城北13公里的玉堂街道办事处登高社区。

石门寺，古名回龙场，因场上有建于唐天祐元年（904）的回龙寺而得名。明末，当地一名武秀才见场后石梁挡路，便开凿一门，从此更名石门寺，20世纪60年代被毁。石门寺摩崖造像分布在长30米、宽8.5米、距地面高3.5米的崖壁上，面积255平方米，崖面南北向，造像分布于东面，开凿于唐代。现有造像19龛（135尊），主要有释迦牟尼佛、弥勒佛、释迦多宝佛说法、一佛二菩萨二力士、一佛二菩萨二弟子二天王二力士、二天尊并坐、弥勒菩提瑞像等造像题材。其中M8号龛为外方内圆二层檐佛帐龛，外龛高210厘米、宽163厘米、深56厘米，内龛高123厘米、宽151厘米、深86厘米。内龛雕二天尊并坐、真人、天王、供养人像。

石门寺摩崖造像雕刻精细，干净洗练，是巴中唐代石窟造像佛道合一的艺术佳作，具有极高的历史、宗教、艺术价值。2019年，石门寺摩崖造像被国务院公布为第八批全国重点文物保护单位。

第5节

红四方面军总指挥部旧址

红四方面军总指挥部旧址位于四川省巴中市通江县诺江镇和沙溪镇王坪村，地理坐标为东经 107°14′26.1″—107°24′58.7″，北纬 31°54′57.5″ —

红四方面军总指挥部旧址正殿

32°06′10.6″，海拔 380 米、688 米。红四方面军总指挥部旧址由红四方面军总指挥部、红四方面军总政治部、红四方面军烈士墓组成。

1982 年，红军入川 50 周年之际，通江县人民政府利用红四方面军总指挥部、总政治部旧址设川陕革命根据地军史陈列

● 红四方面军总指挥部旧址正面

馆。1984 年 5 月，时任中共中央总书记胡耀邦题写了馆名：川
陕革命根据地军史陈列馆。1989 年 1 月，川陕革命根据地军史
陈列馆经四川省文化厅批准更名为"红四方面军总指挥部旧址
陈列馆"。1992 年 10 月，红四方面军总指挥部旧址陈列馆被中
共中央宣传部批复更名为"红四方面军总指挥部旧址纪念馆"。
1993 年 2 月，时任中共中央总书记江泽民题写了馆名：红四方
面军总指挥部旧址纪念馆。1995 年 10 月，红四方面军总指挥部

旧址纪念馆被中共四川省委、四川省人民政府命名为省级爱国主义教育基地。2001 年 6 月，红四方面军总指挥部旧址纪念馆被中共中央宣传部命名为"全国爱国主义教育示范基地"。2004 年 7 月，红四方面军总指挥部旧址纪念馆被中共中央宣传部确定为全国 60 个重点爱国主义教育基地之一。2005 年，红四方面军总指挥部旧址纪念馆被中共中央宣传部列为全国 100 个红色旅游经典景区和 30 个精品红色旅游线路之一。2006 年 5 月，经四川省旅游景区质量等级评定委员会检查批准，发布 2006 年第 1 号公告，公布"红四方面军总指挥部旧址纪念馆景区"为国家 3A 级旅游景区。

红四方面军总指挥部是 1932 年冬至 1935 年春红四方面军及川陕苏区最高指挥机关。旧址原为通江文庙，始建于宋嘉祐七年（1062），后毁，现存戟门（指挥部警卫室）、东庑（徐向前总指挥办公室）、西庑（指挥部机要室）和大成殿（指挥部作战室）清代四栋单体建筑，呈四合院布局，坐东北向西南，占地面积 1675.8 平方米，建筑面积 877.96 平方米。穿斗梁架结构，筒瓦屋面，悬山顶，板壁格窗格扇对开门，设前廊和内回廊，廊上有柱，青石地面。文庙建筑均分布在三级台地上，依次升高，第一台地的万仞宫墙、泮池、棂星门等建筑已毁。现存第二级台地戟门、东庑、西庑和第三级台地大成殿。戟门面阔 7 间 24.4 米，进深 1 间 4.8 米，通高 10.5 米。大成殿面阔 5 间 23.66 米，进深 2 间 7.7 米，通高 12.04 米。东、西庑均面阔 5 间 14.5 米，进深 1 间 5.3 米，通高 7.19 米。

1932 年 12 月 18 日，红四方面军撤离鄂豫皖，实行战略转移，由陕南进抵川北的通江两河口。12 月 25 日，红四方面军解放通江城，总部随即进驻通江文庙至 1935 年 2 月。在长达两年半的时间里，总指挥徐向前、政委陈昌浩、副总指挥王树声、参谋长曾中生、副主任傅钟在这里运筹帷幄，指挥英勇善战的红四方面军和川陕苏区地方武装、人民群众以通江为依托，粉碎了敌人的"三路围攻"和"六路围剿"，胜利地进行了仪南、营渠、宣达三次进攻战和陕南战役、强渡嘉陵江战役，使根据地扩展到 4.2 万平方公里，辖 23 个县市，人口约 500 万，为中华苏维埃共和国第二大区域，红军也由入川时的 4 个师 1.4 万人发展到 5 个军 8 万余人，创立了全国第二大革命根据地——川陕革命根据地，为中国人民的解放事业立下了不朽的功勋，为中共党史、中国革命史写下了光辉的篇章。

旧址是川陕革命根据地的重要标志和历史见证。1999 年、2000 年、2002 年、2008 年通江县委、县政府分别对大成殿、东西庑和戟门四栋建筑进行了全面维修。现举办有《巴山烽火》主题陈列。

红四方面军总政治部原为通江学宫，始建于宋嘉祐七年（1062），后毁。现存清代建筑，呈田字形复式四合院布局，坐北向南，紧靠红四方面军总指挥部旧址左侧，有房屋 41 间，占地面积 1398.2 平方米，建筑面积 1069.45 平方米。由前厅、中厅、正厅和左、中、右厢房组成，均为穿斗梁架结构，青瓦屋面，悬山顶，板壁格窗格扇对开门，前檐均设廊，廊上有柱，水泥地面。依山就势，依次升高，分布在三级台地上。第一级台地分布前厅及厢房，第二级台地分布中厅及厢房，第三级台地分布正厅。前厅面阔11间33米，进深1间6.2米，通高6米；中厅面阔9间30.2米，进深3间5.5米，通高6米；正厅面阔9间28.3米，进深1间5.3米，通高7.4米；左、中、右厢房均面阔2间6.8—7.3米，进深1间4—6.2米，通高4.5—5.4米。1932年冬至1935年春，这里是红四方面军及川陕苏区最高政治机关，主任陈昌浩（兼）、副主任傅钟在此办公，召开会议；围绕军事斗争，开展政治、群众工作；配合部队瓦解敌军和发动群众；负责政治宣传的组织领导，制定宣传大纲，编写干部培训教材，开办学校，培训苏区干部，布置宣传任务，办报纸、书（刻）标语。同时还协助地方党政的政治宣传、政权建设等工作，为红军及川陕苏区政治建设做出了积极贡献。2002年通江县委、县政府分别对前厅、中厅及左、中、右厢房进行了局部维修，正厅2008年于旧基重建。现举办有《巴山烽火》主题陈列。

红四方面军烈士墓位于通江县沙溪镇王坪村，面向西北，东南—西北长227.68米，东北—西南宽57.5米，分布面积13091.6平方米。旧址占地总面积约16165平方米，建筑面积1947平方米。1934年2月，红四方面军为粉碎"六路围攻"，采取收紧阵地、诱敌深入的作战方针，将总医院迁至王坪村，担负医治红军伤病员的任务。因缺医少药及营养不良，成百上千名伤病员牺牲在此地。总医院在附近专辟墓地，安葬了38名师团级以上的干部和3800余名因伤病而牺牲的红军战士。烈士墓碑位于墓地第五层平台，由总医院政治部主任张琴秋设计并题写碑名和绘制图

● 红四方面军烈士墓正面

案，罗吉祥等人錾刻，历时半年落成。下有一长方形台，台长
6.9 米、宽 3 米，台上立一纪念碑，为四角攒尖顶方碑，由碑帽、
碑身、碑座组成，通高 4.05 米。碑身高 2.08 米、宽 0.6 米，正面
中竖书阴刻"红四方面军英勇烈士之墓"，两侧刻联"为工农而
牺牲，是革命的先驱"，横批"万世光荣"，横批上刻镰刀斧头图

案。碑座为长方形须弥座，高1.12米、宽1.64米，正面镌刻镰刀斧头和五星图案。左右两侧各架设石质迫击炮1门，墓碑前1.5米处立一石供桌。1935年红军撤离川陕苏区后，国民党还乡团扬言毁墓砸碑，当地群众连夜将英勇烈士墓碑藏于附近冬水田淤泥中得以保存。1951年，通江县人民政府重新原位竖立。

川陕革命根据地红军烈士陵园历经数次保护修缮，特别是2012年将分布在通江县境内50个散葬墓区的17225名烈士墓迁葬在陵园内，陵园共安葬红军烈士25048名，是全国安葬红军烈士最多、规模最大的红军烈士陵园。2019年进行整体提升，陵园设施更加完善，瞻仰祭拜氛围更加庄严肃穆。

川陕革命根据地红军烈士陵园由铁血丹心广场、千秋大道、英勇烈士墓、无名烈士纪念园、英烈纪念墙组成。陵园是国家4A级旅游景区、全国重点红色旅游景区、全国重点烈士纪念建筑物保护单位、全国爱国主义教育示范基地、全国文明优抚事业单位、全国退役军人工作模范单位、全国关心下一代党史国史教育基地、全国青年文明号、全国妇女爱国主义教育基地。

　　1988 年 1 月，国务院将红四方面军总指挥部旧址一处三点（含红四方面军总政治部、红四方面军烈士墓）公布为第三批全国重点文物保护单位。

● 佛尔岩红军石刻标语

第6节 通江红军石刻标语群

通江红军石刻标语群分布于巴中市所辖的通江县、南江县、平昌县、巴州区、恩阳区境内,遍布城乡,举目皆是,"数量之多,规模之大,内容之丰富,保存之完整,为川陕革命根据地各县(市)之冠"。现存红军石刻标语共168处418幅(收藏入馆保护215幅)。2006年5月,通江红军石刻标语群被国务院公布为第六批全国重点文物保护单位,其中通江县10处20幅。2013年3月,巴中红军石刻标语群被国务院公布为第七批全国重点文物保护单位,归入第六批全国重点文物保护单位通江红军石刻标语群,其中巴州区6处15

幅、恩阳区 7 处 19 幅、南江县 11 处 48 幅、平昌县 15 处 38 幅、通江县 24 处 63 幅。

第二次国内革命战争时期，中国共产党领导的中国工农红军第四方面军实行战略转移，撤离鄂豫皖苏区，西征入川，在川北陕南创建了以通、南、巴为中心的川陕革命根据地，拥有 23 个市、县苏维埃政权，军队发展到 5 个军 8 万余人，地方武装 10 余万人。在巩固和发展川陕苏区的过程中，红四方面军为了发展革命力量、扩大党和红军在群众中的政治影响，更多地宣传群众、组织群众、武装群众，巩固和扩大根据地，采用各种形式和手段进行广泛的政治宣传。为充分利用大巴山区石质资源丰富的有利条件和历代多石刻的特点、解决苏区纸张奇缺问题，红军和川陕省各级宣传机构因地制宜、就地取材，创造性地采取在石头上錾刻标语的形式传达党和红军的政治主张，开展轰轰烈烈的舆论宣传攻势。

红四方面军成立各级錾字队，陈昌浩、张琴秋、李先念、傅钟、朱光、刘瑞龙、廖承志、魏传统等亲自起草和书写宣传内容，创造性地在山崖、渡口、墓碑、石碑、牌坊、房基石、磨盘、水缸等载体上广泛錾刻文献、标语、对联，内容涵盖政治、军事、经济、文化、教育等各个方面。采用大巴山典型的方言俚语，将马克思主义大众化、革命主张通俗化，语言朴素，亲切近人，形成了川陕苏区宣传工作独特的地域性文化。书法苍劲浑厚，章法灵活，笔力遒劲厚重，字体美观大方，气势雄伟。楷体书法笔法流利，结构严谨，秀丽俊美；楷、行、隶相结合，极具灵活性和流畅感；文字排版不拘一格，形式多样，错落有致。其中极具代表性的有红军入川刻的第一幅石刻标语——"争取苏维埃中国"，全国最大的红军石刻标语——"平分土地"，全国最有影响的红军石刻标语——"赤化全川","赤化全川"石刻标语被列为全国30条红色旅游精品线路之一。有实物纲领文献《中国共产党十大政纲》和《中华全国苏维埃第一次代表大会土地法令》及《中华全国苏维埃第一次代表大会劳动法令》。

通江红军石刻标语群是川陕革命根据地红军石刻标语的代表之作,虽经历几十年的风雨,仍闪烁着耀眼的光辉,它多层次、多角度地反映了川陕革命根据地的历史环境、斗争历程和当时的国内、国际形势,全面记录了川陕苏区军民的丰功伟绩,是川陕革命根据地斗争史和红军长征史的缩影,是刻在石头上的史诗,是研究中共党史、红军史和革命根据地发展史的珍贵实物,是进行爱国主义教育的生动教材,是巴中乃至整个川陕革命根据地红军精神的浓缩体现。

"争取苏维埃中国"红军石刻标语

位于通江县壁州街道谢家河坝社区诺水河畔环城南路旁金家沟右侧,分布在高15米、宽24米的崖壁上。坐西南向东北,黄砂岩石质。在崖面上从左至右,横排阴刻楷书"争取苏维埃中国"七个大字,字幅高3.2米、宽21.3米,单字"中"高3.15米、宽2.62米,笔画深0.2米,整个字幅面积为68.16平方米,距地表8米。该幅标语系1932年底红四方面军总政治部宣传员汪易手书,翌年初川陕省委錾字队刻成。

书院街红军石刻标语

位于通江县壁州街道南街社区书院街60号,分布在中共川陕省委党校旧址西南临街的台基石墙上。坐东北向西南,石墙建于清代,用黄砂岩条石砌成,长13.9米、宽3.85米。在石墙

● "争取苏维埃中国"红军石刻标语

上从右至左横排阴刻楷书"赤化全川"四个大字，左侧阴刻楷书"红四方面军总政治部制一九三三年"三竖行款，字幅高 2 米、宽 12.3 米，单字"化"高 2 米、宽 2.1 米，笔画宽 0.26—0.33米、深 0.1 米，字幅面积 24.6 平方米，距地表 1.5 米。该幅石刻标语系 1933 年红四方面军总政治部工作人员、广州市原市长朱光手书，总政治部錾字队錾刻而成。

● 书院街红军石刻标语

● 红云崖红军石刻标语

红云崖红军石刻标语

位于通江县沙溪镇红云崖村三组景家塬红云崖，分布在红云崖高 25.9 米的悬崖峭壁之巅。红云崖亦名铁炉沟，1934 年 3 月红四方面军总政治部錾字队选此高崖，初时准备刻一条"国民党是帝国主义的走狗"标语，当刻好"国民"二字时，川陕省委宣传部负责同志来此视察，觉得这条标语字数太多，镌刻于崖气魄不大、不太壮观，便改刻了"赤化全川"四字，由巴中恩阳一姓张的小学教员书写，同年7月刻成。崖体坐东向西，从右至左阴刻横书"赤化全川"四个方笔楷体大字，字幅高5.85米、宽53米，单字"全"高5.85米、宽5.2米，笔画宽0.9米、深0.35米，字距7.1米，距地表15米，字幅面积为310.05平方米。

长岭寨红军石刻标语

位于通江县铁佛镇白土垭村一组长岭寨，分布在双泉乡重石村至铁佛镇古道左侧高8米的黄砂石崖壁上，崖面向东南，距地表1.35米，标语横排楷书"工农专政"四字，落款"33"，分布立面宽2.8米、高0.7米，面积1.96平方米，单字"农"宽0.4米、高0.5米，笔画宽0.06米、深0.02米。标语上方左侧为20世纪60年代錾刻的阴刻楷书标语"伟大的领袖毛主席万岁！"右侧石壁书"伟大的中国共产党万岁！"

写字岩红军石刻标语

位于通江县毛浴镇朝阳村五组大通江河左岸写字岩，分布在宕江左岸崖壁，刻于1933年，共三幅，呈一字形排列，崖面向西，幅面宽15.5米、高1.1米，面积17.05平方米。右侧第一幅为"活捉邓锡侯！"，字幅宽4.8米、高0.9米；第二幅为"拥护中国共产党"，字幅宽6.2米、高1.03米；第三幅为"工农专政"，字幅宽3.8米、高1.10米。三幅标语均为从右至左横排楷书，单字"拥"宽1.0米，笔画深0.02米。

毛浴城墙红军石刻标语

位于毛浴镇街道西南城门外的两侧城墙上。坐东北向西南，城墙用白砂岩条石砌成，系清代所建，共有标语五幅，左侧四幅，右侧一幅，分布面积40.41平方米。左侧四幅标语刻成上下两排，每排两幅，上排右侧从右至左横排阴刻行书"拥护苏联"4字及落款"3"，标语上部笔画不完整，字幅残高0.9米、宽8米，字幅面积7.2平方米；左侧从左至右横排阴刻行楷"拥护中国共产主义青年团"11字，字幅高1米、宽9.15米，最大的"拥"字高0.65米、宽0.75米。下排右侧从左至右横排阴刻行草"实行共产主义"6个大字，字幅高1.95米、宽7.56米，最大字"产"高1.7米、宽1.13米，笔画宽0.17米、深0.08米；左侧从左至右横排阴刻行书"打倒国民政府"6字，字幅高1.2米、宽5.1米。城门右侧阴刻竖排楷书"川陕工农解放万岁"8字，字幅高3.05米、宽1.05米。

王家湾红军石刻标语

位于通江县毛浴镇迎春村一、二组交界处王家湾，分布在溪沟左侧的一块红砂岩巨石上。坐东向西，平面呈长方形，共有标语四幅，分布面积21.83平方米。巨石早年被雷击断裂成五块，北二块、南三块，红军錾字队在其中四块上各錾刻一幅宣传标语，北上从上至下竖行阴刻楷书"实行土地革命"和落款"丙"7字，字幅高4.1米、宽1.3米，最大的字"实"高0.8米、宽0.6米，字幅面积5.33平方米；北下从右至左阴刻楷书"推翻国民党统治！"二竖行文字，字幅高3米、宽1.6米，单字"翻"高0.6米、宽0.74米，字幅面积4.8平方米；南中从右至左阴刻楷书"坚决消灭刘湘"三竖行文字，每行2字，字幅高2.4米、宽2.4米，字幅面积5.76平方米；南下从右至左阴刻楷书"武装保卫赤区！"二竖行文字，字幅高3.3米、宽1.8米，字幅面积

长岭寨红军石刻标语

毛浴城墙红军石刻标语

王家湾红军石刻标语

5.94 平方米。

长石板红军军民合作石刻标语

位于通江县杨柏镇贾村观村三组杨柏镇街道东南 250 米长石板上，刻于 1933 年。此处标语面向西，共两幅，总幅宽 26 米、高 5 米，幅面 57.69 平方米，两幅间距为 6.6 米。左侧为第一幅，内容"军民合作"，宽 9.72 米、高 1.82 米；第二幅为"消灭刘湘"及落款，宽 8 米、高 5 米，均为右读楷书，单字"作"宽 1.64 米、高 1.36 米，笔画宽 0.15 米、深 0.10 米。

佛尔岩红军石刻标语

位于通江县至诚镇九子坡村一组陈吉生住房后上面 50 米的佛尔岩崖壁上。1934 年红四方面军十师二十八团扎营九子坡时，錾字队选定此岩，历时两个多月完成"标语之王"。刻于高 24 米、宽 67.5 米的巨型白砂岩崖壁上，面向北，从右至左横排阴刻楷书"平分土地"四个大字，字幅高 8.75 米、宽 52.5 米，字幅面积 459.38 平方米，单字高 6.95 米、宽 6.35 米，笔画宽 0.89 米、深 0.1 米。该标语雄踞高山之巅，数十里外清晰可见。

穿心殿红军石刻标语

位于通江县唱歌镇金龙村一组芝苞老街左侧 150 米的穿心殿，分布在距芝苞乡老街约 500 米处的一块宽 5.82 米、高 3.68 米的白砂岩石斜立面上。面向南，刻于 1933 年，标语字幅宽 4.08 米、高 1.15 米，幅面 4.69 平方米。内容横排右读隶书"列宁万岁"四字，标语左侧有竖款"中国工农红九军订"，单字"岁"宽 0.9 米、高 0.98 米，笔画宽 0.13 米、深 0.07 米。

长石板红军军民合作石刻标语

佛尔岩红军石刻标语

穿心殿红军石刻标语

第一章 全国重点文物保护单位

037

太平红军粉壁墨书文献

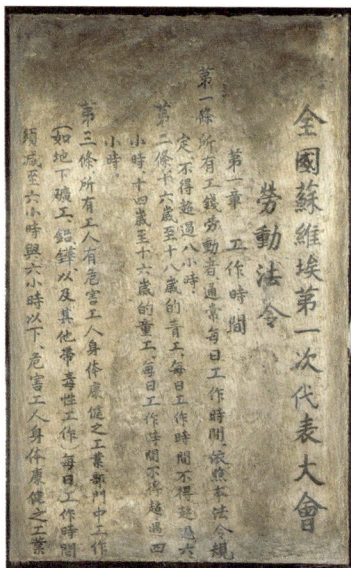

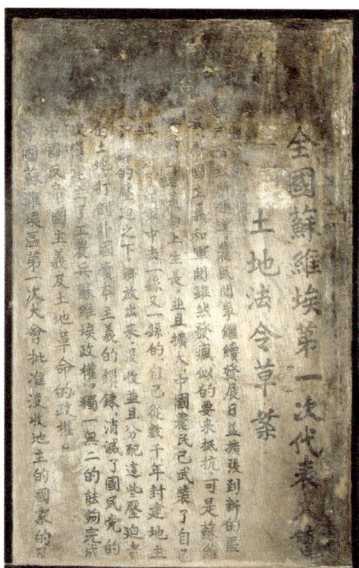

位于通江县杨柏镇太平场村太平老街，手书于1934年，原为26栋，现存25栋，内容为《中国共产党十大政纲》和《全国苏维埃第一次代表大会土地法令草案》及《全国苏维埃第一次代表大会劳动法令》，文献共6389个字，分布面宽36.2米、高1.05—1.86米，幅面约67.33平方米，墨书楷体右读竖排，落款为：中国工农红军四方面军第卅军第八十八师政治部制；中华苏维埃共和国一九三四年五月十九号□起。

柏林岩红军石刻标语

位于通江县麻石镇土顶子村一组麻石至云昙乡公路后50米的柏林岩崖壁上，分布在离地面0.48—1.53米的白砂岩崖壁两侧，崖面向西北，共2幅，分布面积10.12平方米。左侧第一幅

● 太平红军粉壁墨书文献

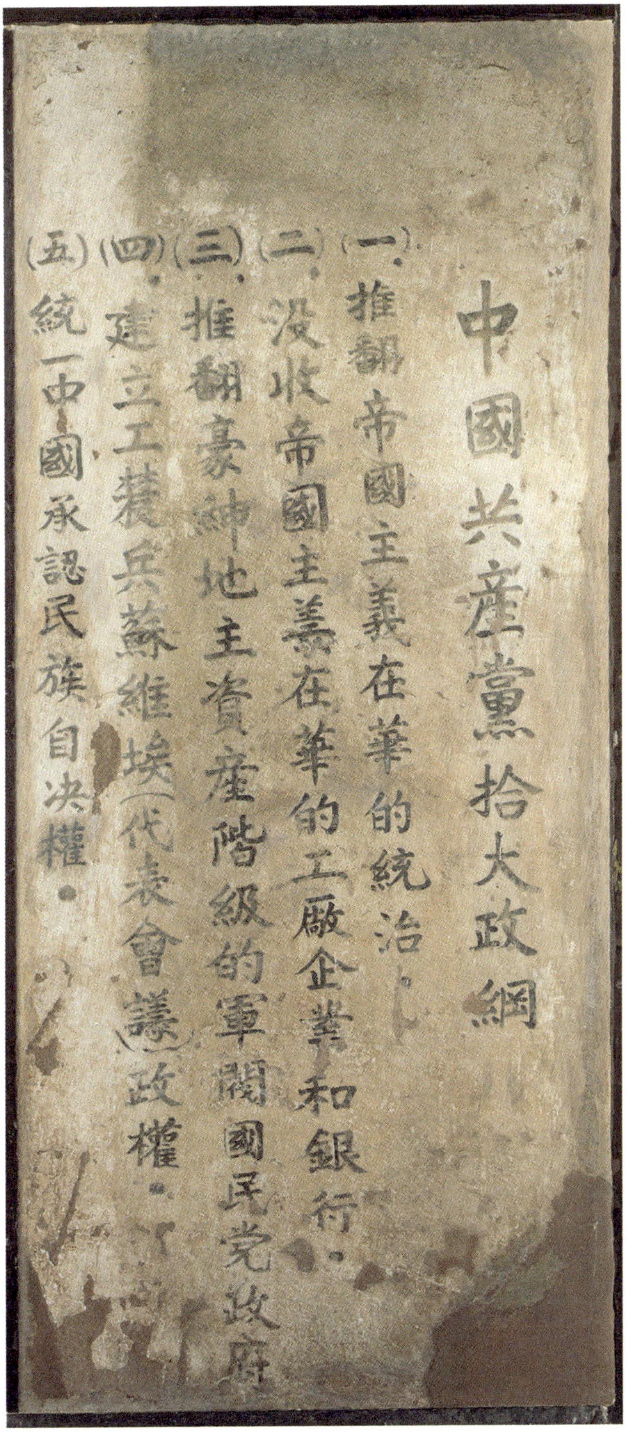

中國共産黨拾大政綱

一．推翻帝國主義在華的統治，

二．沒收帝國主義在華的工廠企業和銀行，

三．推翻豪紳地主資産階級的軍閥國民黨政府，

四．建立工農兵蘇維埃（代表會議）政權，

五．統一中國承認民族自決權．

● 柏林岩红军石刻标语

● 佛坎子红军石刻标语

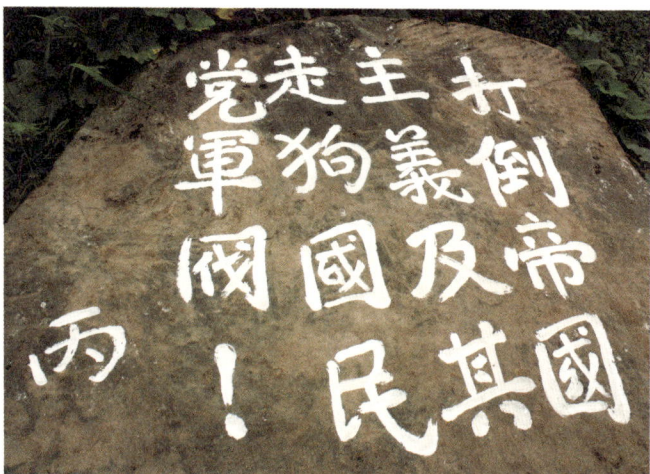

● 沙帽石红军石刻标语

字幅宽 2.95 米、高 0.86 米，右行横排楷书"打倒帝国主义"，落款竖排"红十一师政治部"；第二幅字幅宽 1.4 米、高 1.1 米，竖排"反对拉 / 夫抽丁 / 红十一师 / 政治部"四列。

佛坎子红军石刻标语

位于铁佛镇平坝村五组佛坎子河，面向北，刻于佛坎子庙下古道旁高 2.8 米的白砂岩崖面上，字幅宽 1.15 米、高 0.6 米，面积 0.69 平方米。从右至左 10 竖行 35 个字阴刻楷书"红军中官兵平等相亲相爱家中分有田地伤亡有抚恤吃喝一样当红军真有味！"落款："红卅军"。字幅距地表 0.97 米，单字"红"宽 0.125 米、高 0.13 米。标语右侧有两竖行石刻："弘治二年己酉五月"（1489）。

沙帽石红军石刻标语

位于通江县毛浴镇迎春村六组何洪武住房后山 300 米的稻子梁下，分布在杨茂如耕地中一自然白砂岩石斜立面上。该标语 1933 年刻制，右读竖排阴刻楷书五列"打倒帝国 / 主义及其 / 走狗国民 / 党军阀！/ 丙"16 个字，字幅宽 2.3 米、高 2.05 米，幅面 4.72 平方米，单字"倒"宽 0.35 米、高 0.33 米，笔画宽 0.04 米、深 0.03 米。

长湾里红军石刻标语

位于通江县唱歌镇金龙村六组长湾里，标语向西南，刻于1933 年，共两幅，幅面 9.33 平方米。第一幅标语右行，阴刻，楷书 15 竖行文字"白军士兵们，/ 你们替军阀 / 当兵得到点 / 啥子啊，扯常 / 挨打受骂莫 / 穿莫吃薪饷 / 又被克扣干 / 净家中还要 / 出款子，来替 / 军阀打仗白 / 白送死为啥 / 子呢！/ 中国工农 / 红军□ / □□□"。字幅宽 3 米、高 0.9 米，字幅面积 2.7 平

方米。第二幅标语位于第一幅右侧 14.2 米处，从右至左阴刻楷书横排"活捉刘湘范哈儿"七个大字，字幅宽 8.72 米、高 0.76 米，字幅面积 6.63 平方米，单字"活"高 0.72 米、宽 0.65 米。

新房子红军石刻标语

位于通江县唱歌镇俞家河村二组俞以和住房后上面 30 余米的登蟾墓冢两侧墓墙面，1933 年刻制，共两幅，幅面 8.64 平方米。均为右读楷书。左侧标语面向东北，内容为"铲除封建势力"，字幅宽 4.2 米、高 0.74 米，单字"势"宽 0.6 米、高 0.74 米。右侧标语面向西北，内容为"实行土地革命"，上有"中国工农红军第九军政治部"款，字幅宽 4.95 米、高 1.12 米，单字"实"宽 0.45 米、高 0.69 米，标语字间距为 0.19 米，笔画深 0.03 米，距地表 0.98 米。

双碑梁红军石刻标语

位于通江县唱歌镇金龙村四组李现章住房右后侧 50 米的双碑梁，分布在陈明应墓地上相向而立的两拱形陪碑碑板两面，墓地向西南，刻于 1934 年，幅面 9.5 平方米。标语均竖排楷书，右、左碑板内侧分刻"工农"和"专政"，"工农"两字高 1.73 米、宽 0.7

042

● 双碑梁红军石刻标语

● 长湾里红军石刻标语

● 新房子红军石刻标语

米，笔画深 0.03 米；左碑背面刻"加紧百倍努力□□□□ / 时间 □□□□□□□□ / 刘湘赤化全川□□□□ / 荣的红色□□!"；右碑板背面刻"共产党实行领导群众 / 分配土地废除苛捐杂 / 税打土豪革命□□□ / 白色士兵的出路!"。

店子上红军石刻标语

位于通江县龙凤场镇龙凤村五组店子上刘希忠住房后的李长富墓碑上，刻于 1933 年，面向西南，共六幅，幅面 4.68 平方米。

● 店子上红军石刻标语

第一、第二幅分布在墓碑方形基石面，内容右读竖排两幅"不要/替军/阀发/财人/来打/工农/红军/要联/合工/农红/军去/打帝/国主/义！"和"活捉/匪首/刘湘"，幅宽 3.16 米、高 0.33 米；第三、第四幅分布在碑身两侧，内容竖刻"打倒帝国主义"和"武装拥护苏联"，字幅宽均为 0.17 米、高 0.98 米；第五、第六幅分布在碑两侧的八字形仪墙卷檐上，内容为"誓死消灭匪首刘湘"和"争取苏维埃的四川"，字幅宽均为 0.90 米、高 0.16 米。

大石坎川陕苏区石刻标语

位于通江县陈河镇河坝场村四组马家河大石坎至新场古道旁，共三幅，分布面积

1.21 平方米。第一幅面向西南，幅宽 0.8 米、高 0.65 米，右读竖排阴刻楷书七行——"共产党的十 / 大政纲第一 / 条就是要推翻 / 帝国主义在 / 中国的统治 / 中国共产党 / 川陕省委会"；第一幅标语右侧 2 米处为第二幅，幅宽 1.15 米、高 0.4 米，横排左读"推翻地主资本家的国民党！工农得解放"，款竖排"县委宣传部"；第一幅上 10 米为第三幅，幅宽 0.45 米、高 0.5 米，竖排右读"武装起来 / 活捉刘湘 / 口护秋收秋 / 耕"。

村子里红军石刻标语

位于通江县板桥口镇茶坝垭村三组村子里陈方平住房阶沿石面上，现存三幅，刻于 1933 年，幅面 3.54 平方米。均左读竖排，第一幅分布在踏道左侧，内容为"中国共产党十大政纲"，字幅长 4 米、高 0.46 米。第二、第三幅分布在踏道右侧，内容为"青年拥护苏联歌"和"肃反歌"，字幅长 4.25 米、高 0.4 米。款落第二级踏道横排"红九十三师政治部"。

桥湾里红军石刻标语

位于通江县板桥口镇黄村坪村一组板桥口街道诺水河右岸桥湾里，分布在一小路旁自然石面上，共两幅，刻于 1934 年，标语分布面宽 1.5 米、高 0.7 米，幅面 1.05 平方米，均右读竖刻楷书。左侧第一幅幅宽 0.8 米、高 0.7 米，内容为"打倒出卖民 / 族利

益阳止 / 红军去打帝 / 国主义的国 / 民党!"；第二幅幅宽 0.66 米、高 0.32 米，内容为"驱逐帝 / 国主义 / 的海陆 / 空军滚 / 出中国"。两幅间款为"红三十一军政治部"。

岩窝里红军石刻标语

位于通江县兴隆镇兴隆村二组岩窝里李显兰住房右侧 100 米，共两幅，刻于 1934 年，面向东南，两幅间距 0.95 米，分布

● 村子里红军石刻标语

面积 1.32 平方米。从右至左，第一幅竖刻右读五列，内容为"反对把妇女／视为是烧茶／煮饭浆洗补／连的错误观点！／丙二"，字幅高 0.81 米、宽 0.72 米。第二幅标语内容为"消灭了刘湘等国／民党军阀就永远／保着分得的土地／得到的政权／过着安乐的日子！／丙二"，共六列，竖刻右读，字幅高 0.88 米、宽 0.84 米。

油房坪红军石刻标语

位于通江县永安镇会家村一组冯玉明住房对岸 50 米的油房坪，刻于宽 5 米、高 3 米的巨石立面，面向西南，共两幅。第一幅竖刻右读行楷"穷苦工农弟兄／把连起来参加运／输队担架队！参加／赤卫军少先队／完成新的独营独团／配合红军行动快快消灭刘湘／丁"，字幅宽 0.95 米、高 1.02 米，单字"队"宽 0.13 米、高 0.12 米；第二幅位于第一幅标语下另一巨石立面，为横排右读，内容为"扩大童子团"，字幅宽 0.65 米、高 0.15 米，距河边 4 米。

牛二沟红军石刻标语

位于通江县兴隆镇兴隆村一组兴隆小学左下 300 米的牛二沟，共八幅，字幅宽 0.47—1.8 米、高 0.27—0.95 米，总面积 4.09 平方米。第一幅面向北，第二、第三、第八幅面向西南，第四、第六幅面向东，第五幅面向东南，第七幅面向南，均从右至左竖行阴刻繁体楷书。内容为：（一）"只有坚决消灭刘湘，才能保障土地利益政权，不消灭刘湘穷人便活不成了！"。（二）"为争取苏维埃的中国而战！"。（三）"坚决保卫赤区"。（四）"誓死消灭刘湘"。（五）"消灭刘湘赤化全四川！"。（六）"反对帝国主义第

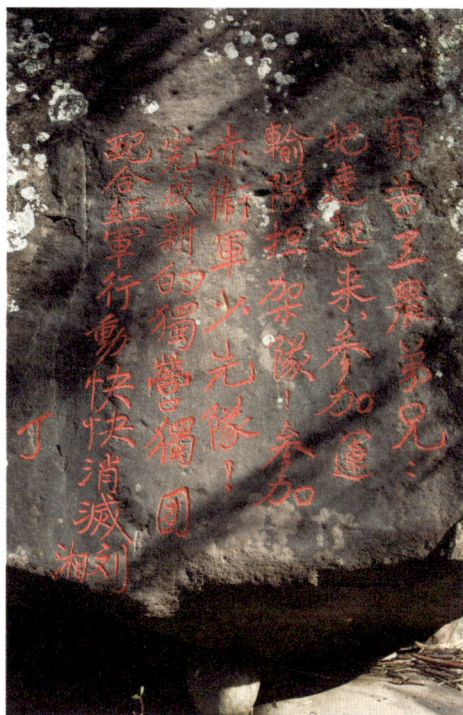

● 牛二沟红军石刻标语

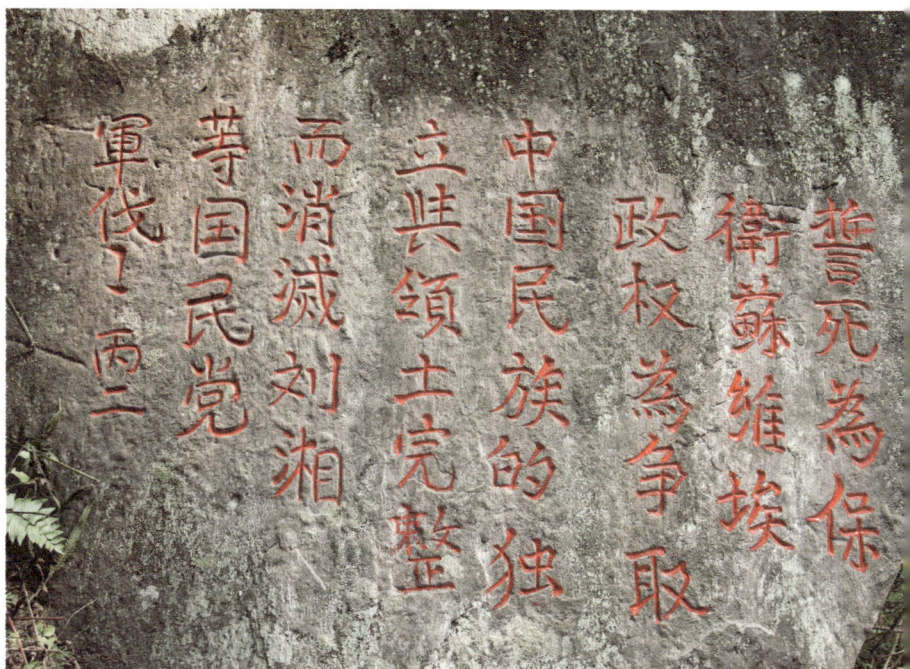

二次世界大战！反对帝国主义进攻苏联！实行武装保护苏联！"。
（七）"配合全国红军彻底粉碎帝国主义国民党的五次'围剿'！争取红色的中国！"。（八）"誓死为保卫苏维埃政权为争取中国民族的独立与领土完整而消灭刘湘等国民党军阀！"，落款除第六、第七幅为"红军政治部丙二"外，其余均落款为"丙二"。

红四门红军石刻标语

位于南江县集州街道南门口社区上河街。1933年2月1日红四方面军由南江县城明清时期石质城墙东门——迎晖门入城解放南江。为纪念这一历史事件，南江县苏维埃政府将原门额"迎晖门"改刻成由陈昌浩题写的"红四门"，红四方面军及南江县苏维埃政府先后在门洞左、右壁和城门两侧城墙下部鉴刻"庆祝红军伟大胜利"等标语10幅。其中"组织游击队赤卫军"，刻于门洞右壁；文字字幅面长1.7米，高0.3米；主体文字"组织游击队赤卫军"横排、右读，字径0.1—0.5米、高0.15—0.17米，字距0.02—0.14米；落款"红卅军政治部"，竖排两列、右读，首列"红卅军"，次列"政治部"，字径宽0.09米、高0.08米。

长赤县苏维埃政府旧址及石刻标语

位于南江县长赤镇禹王宫社区禹王宫巷12号，旧址呈四合院布局，面阔30米，进深48米，占地面积约1440平方米。1933年长赤县苏维埃政府设立于此，红四方面军在三大门石柱正面、内侧及禹王宫前殿外墙基石上刻有八幅红军标语，标语字幅总面积15平方米。其中正门两侧立柱正面刻标语对联，上联"谁是世界上的创造者"，下联"只有我们劳苦的工农"，字径宽0.30米、高0.26米，字距0.03米，标语对联字幅面2.3平方米。

杨河林红军石刻标语

位于南江县沙河镇天桥村三组杨河林，刻于河边山坡林地内一块宽 0.6 米、高 0.8 米的岩石上，左读竖排楷体"拥护中华苏维埃中央政府！"。落款：通南巴苏维埃政府制。主体标语字体长宽均为 0.09 米，字距 0.05 米。落款小字长宽均为 0.05 米，字距 0.03 米。

柏王碥红军石刻标语

位于南江县公山镇石矿村二组皇柏林间小道旁，沿"柏树王"以南 50—170 米林坡中约 1.4 米宽的米仓古道自北向南断续分布。刻于 1933 年，共六幅，字幅面积 9.98 平方米。第一幅内容为"打倒国民党的南京政府！"；第三幅内容为"建立工农兵的苏维埃政权！"；第六幅内容为"全世界无产阶级联合起来！"。落款均为：通南巴苏维埃政府制。阴刻竖书左读，字径 0.09—0.12 米。

● 红四门红军石刻标语　　　　● 长赤县苏维埃政府旧址及石刻标语

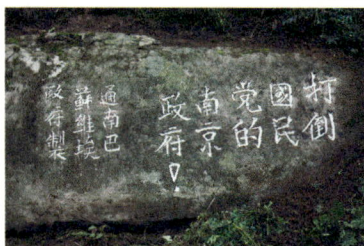

● 杨河林红军石刻标语　　　　● 柏王碥红军石刻标语

熊氏祠堂红军石刻标语

新房子红军石刻标语

熊氏祠堂红军石刻标语

位于南江县杨坝镇新坝村一组熊氏祠堂碑座上，朝向210度，占地面积6平方米。刻于1933年，标语七幅，碑座正面与左侧面楷书阴刻"争取苏维埃全国胜利是工农经济发展的总出路""工农银行是巩固苏维埃的经济基础的组织""欢迎工农银行印出的钞票"。落款：红卅一军九十一师政治部。字径为0.1米，字距0.03—0.05米，行距0.04米。

新房子红军石刻标语

位于南江县八庙镇青宝村桅杆坪新房子建筑内部，有红军石刻标语两幅，朝向140度。第一幅石刻标语刻在建筑左侧桅杆座上部四周，横排左读，阴刻楷书宋体，内容为"穷人只有自己救自己，不要听发财人的语言欺骗，拿出自己的力量，坚决斗争，把刘湘棒老二打下去才是出路"，字径 0.07 米，字距 0.02 米。第二幅风化严重。

西厢沟红军石刻标语

位于南江县长赤镇袁家村西厢沟一组巨石斜平面上，刻于 1933 年，标语字面横宽 0.6 米、高 0.4 米，面积 0.24 平方米，坐东北朝西南，内容为"扩大八十万新红军一直打到成都去活捉田颂尧，第三十军政治部"，竖排阴刻六列，字径 7—8 厘米，字距 2—3 厘米。

观音岩红军石刻标语

位于南江县长赤镇袁家村一组观音岩。刻于 1933 年，标语字幅宽 0.3 米、高 0.6 米，面积 0.24 平方米，朝向 230 度。内容为"打倒新进攻粉碎匪首刘湘"；落款：第卅军政治部印。三列 18 字，字径 8 厘米，列宽 3 厘米。

君子街红军石刻标语

位于南江县元潭镇元潭社区君子街巷口两座墓碑碑板上。刻于 1933 年，共两幅，坐南朝北。第一幅标语内容"坚决巩固赤区扩大赤区"。落款：丙二。阴刻，楷体，竖排，字径宽 0.22 米、高 0.27 米，字距 0.02—0.05 米，列距 0.2 米。第二幅标语字幅宽 0.9 米，高 2 米，内容为"组织民众义勇军"。竖排，阴刻，楷体，字径宽 0.4 米、高 0.5 米，字距 0.01—0.08 米，列距 0.07 米。

● 西厢沟红军石刻标语

● 君子街红军石刻标语　　　　● 观音岩红军石刻标语

彭家河大院红军石刻标语

　　位于南江县关路镇南溪村四组彭家河大院正房东西廊柱柱础石上，刻于1933年，共四幅，面积0.8平方米。第一幅内容为"保卫赤区"。第二幅内容为"消灭刘湘"。第三幅内容为"红军胜利万岁！"。第四幅内容为"中国共产党万岁！"。阴刻，楷书，竖排，字径0.1米。

油房沟红军石刻标语

　　位于南江县贵民镇油房沟村二组油房沟一独立大石上。朝向130度，刻于1933年，字幅面积1.6平方米，内容为"活捉想来苏区夺取工农土地利益的刘湘邓锡侯"，落款：红九十三军（师）政治部。阴刻，正楷，竖排，字径0.08—0.1米，列距0.03—0.05米。

● 彭家河大院红军石刻标语

● 油房沟红军石刻标语

● 禹王宫红军石刻标语

禹王宫红军石刻标语

位于巴州区清江镇街道办事处禹王街 21 号禹王宫内，现存五幅，1933 年刻于功德碑柱四面上。内容为"打倒日本和一切帝国主义！""刘湘是帝国主义的走狗！刘湘是剥削工农的强盗！"落款：红九军政治部制。"打倒帝国主义。""反对帝国主义瓜分中国进攻中国革命！""刘湘杨森不是川军是振[①]川里穷人的军队！"，落款：红九军政治部制。

马家河红军石刻标语

位于巴州区平梁乡阳岭村二组，1933 年凿于功德碑上，标语占壁面积为 2.4 平方米。内容为"鸦片烟有毒对穷人有莫大妨害工农要决心戒烟！"，落款：西北军区政治部。

铜岭碑红军石刻标语

位于巴州区平梁乡阳岭村七组，共有红军石刻标语两幅，凿于功德碑上。内容为"帝国主义外国有钱人把他们自己国内穷人

马家河红军石刻标语

---

①振：应为整。

铜岭碑红军石刻标语

回龙寨红军石刻标语

榨干了所以现在积极来瓜分中国进攻苏联！"，落款：西北军区政治部。"要推翻帝国主义就要首先消灭国民党军阀！"落款：西北军区政治部。

回龙寨红军石刻标语

位于巴州区三江镇民主村八组回龙寨，红军石刻标语凿于寨门上，共有五幅，立面分布面积共约12平方米。内容为"实行土地革命"，落款：长胜县委会制；"消灭奸掳烧杀穷人的刘湘！"，落款：川陕省长胜县少共县委会制；"消灭帝国主义的走狗刘湘"，落款：长胜县委会制；"消灭刘湘，保卫赤区"，落款：长胜县委会制。

卡门坡红军石刻标语

位于巴州区鼎山镇黄梁村四组，标语一幅。凿于卡门坡崖壁上的一修路功德碑上。内容为："红军是共产党领导一切是爱护穷人爱护士兵坚决打那些振穷人的人刘湘杨森——二十二师政治部制。"

锅口垭红军石刻标语

位于巴州区枣林镇七里碥村三组的锅口山垭处，共有标语两幅，凿于崖壁上，立面分布面积约3平方米。内容为"剿匪救民"，落款：政治部第一路宣传处制，三三·五·三。"军民合作肃清匪祸"，落款：廿九军第一路宣制。

正街红军石刻标语

位于恩阳区恩阳街道，共一处五点（正街红军石刻标语为其

锅口垭红军石刻标语

正街红军石刻标语

大石坎红军石刻标语

中一点），分布在民居大门右侧防火墙下的条石上。标语坐东向西，呈纵向排列，阴刻，楷书"拥护红军！丙"。字径高 0.3 米、宽 0.26 米，字距 0.06 米。条石高 1.2 米、宽 0.3 米。1933 年红军解放恩阳后錾刻于此处。

大石坎红军石刻标语

位于恩阳区文治街道正街 93—1 号店铺柜台下部石壁上，石壁用四层长方形条石砌成，壁长 2.2 米、宽 1 米，距地表 0.05 米，坐北向南，呈横向排列，共三幅。阴刻，楷书：（一）"参加红军去消灭刘湘田颂尧邓锡侯！丙"。（二）"白色官兵为田颂尧领四万六千兵力六次打苏维埃结果被红军打得狗血淋头整个被打垮！"。（三）"红军是穷人的军队！"。落款：西北军区政治部制。1933 年红军解放恩阳后錾刻于此处。

下正街红军石刻标语

位于恩阳区文治街道下正街 62 号屋基堡坎处。分布面积 2.3 平方米，共两幅，坐东向西，呈纵向排列。阴刻，楷书"打倒反动的国家主义和法西主义！丙"。字幅长 0.3 米、宽 0.35 米，字距 0.02—0.06 米。堡坎北面楷书"拥护中国共产党"。1933 年红军解放恩阳后錾刻于此处。

下正街红军石刻标语

位于恩阳区文治街道下正街十字路口右侧堡坎处，分布在长 1.15 米、宽 0.25 米，距地表 1.15 米的白砂条石上，坐北向南，呈横向排列。阴刻，楷书"共产党热爱人民！丙"。字径长 0.12 米、宽 0.1 米，字距 0.02 米。1933 年红军解放恩阳后錾刻于此处。

下正街红军石刻标语　　　下正街红军石刻标语

大石坎街红军石刻标语

大石坎街红军石刻标语

位于恩阳区文治街道大石坎街 46 号民居正面挑檐下的石柱上。坐西北向东南，呈纵向排列。阴刻，楷书"粉碎五次围剿争取赤化全中国！"，落款：西北军区政治部。字径高 0.9 米、宽 0.6 米，字距 0.8 米。1933 年红军解放恩阳后錾刻于此处。

胡尔包字库红军石刻标语

位于恩阳区渔溪镇三清庙村二组和平至渔溪公路旁。分布面

积 2.25 平方米。1933 年至 1935 年红军錾字队在清代石质仿木结构、六边形楼阁式攒尖顶字库的底层西、南两面凿刻标语，呈竖向排列。内容为：（一）"打倒屠杀工农的国民狗党"，落款：红四方面军政治部制。（二）"在准备北上与全国百万红军会师去打帝国主义"，落款：红四军政治部制。

石匣子红军石刻标语

位于恩阳区恩阳镇旱谷村九组石匣子沟。分布在长 15 米、宽 5.6 米，距地表 3 米的石壁上。1933 年至 1935 年红军錾字队凿刻，坐北朝南，分布面积 84 平方米。呈横向排列，从右至左

● 胡尔包字库红军石刻标语

书写。其内容为"拥护红军丙"五个楷书大字。字径高 0.6 米、宽 0.9 米，字距 0.2 米。

玉井寺红军石刻标语

位于恩阳区玉井乡贾村玉井街道至文童村公路三岔道旁。分布在长 5.5 米、宽 3.4 米的小台地上，占地面积 5.1 平方米，坐西北向东南。1933 年至 1935 年红军錾字队在此碑座、碑板正面凿刻标语四幅。标语呈横、竖排列两种，阴刻楷体。内容分别为：（一）"取消一切苛捐杂税，必须拥护为穷人的各级苏维埃政权，打倒剥削穷人的国民党！"。落款：红九军二十五师政治部。（二）"活捉刘湘"。（三）"打倒国民狗党，红军是穷人的军队，开创救急穷人，实行土地革命"。（四）"平分土地，赤化全川"。

黑坑子红军石刻标语

位于恩阳区雪山镇洞子寨村四组冯家山下黎家河畔。分布面积 16 平方米，共两幅，坐东南向西北。第一幅：分布在长 3 米、宽 2.4 米，距地表 0.6 米的大石头中间，五排纵向楷书，内容为"取消一切苛捐杂税平均分配土地"，落款：红九军政治部制，字径 0.11 米，字距 0.12 米。第二幅：分布在长 2.8 米、宽 3.2 米，距地表 0.7 米的石头上，六排纵向楷书，其内容为"反对拉夫抽丁派农匪田颂尧刘湘"，落款：红七十五团政治处四川部刻。字径 0.1 米，字距 0.12 米。两幅标语相距 14 米，分别刻在两块大石头上。

大岩壳红军石刻标语

位于恩阳区渔溪镇五显村五组大岩壳溪沟旁，分布在长 1.7 米、宽 1 米的大岩壳溪沟旁独立石上，分布面积 1.7 平方米。

石匣子红军石刻标语

玉井寺红军石刻标语

黑坑子红军石刻标语

065

大岩壳红军石刻标语

天官街道红军石刻标语

北山寺红军石刻标语

华严庵红军石刻标语

1933—1935 年凿刻，坐北向南，竖刻楷体"只有苏维埃领导之下穷人不受一切苛捐杂税的剥削"，落款：红军七十四团政治处制。字径长 0.11 米、宽 0.075 米。

天官街道红军石刻标语

位于恩阳区关公镇天官场社区居委会（原乡政府门前）。坐西北向东南，分布面积 1.9 平方米，长方形素面底座，碑板顶部为圆拱形。座长 1 米、宽 0.5 米、高 0.25 米，通高 2 米、宽 0.95 米、厚 0.15 米。从左至右呈竖向排列，阴刻楷体"穷人自动参加红军保卫自己的性命和政权"，字径 0.16 米，字距 0.07 米。

华严庵红军石刻标语

位于平昌县江口镇新华街东段幸福路 2 号佛头山腰，坐东南向西北，刻于 1933 年，分布在面宽 9.65 米、高 3.9 米，距地面 1.5 米高的石墙上。内容为"拥护 / 中华 / 苏维 / 埃共 / 和国 / 中央 / 政府"，落款：西北军区政治部。正文每字高 0.8 米、宽 0.7 米，笔画宽 0.1 米、深 0.04 米，字距 0.15 米，行距 0.1 米，落款每字宽 0.25 米、高 0.28 米。竖排，阴刻楷体。

北山寺红军石刻标语

位于平昌县得胜镇北山街 34 号北山寺山门和禅房后院石墙上，刻于 1933 年，共两幅，字幅面积 2.37 平方米。第一幅刻在北山寺隐身洞外石墙上，第二幅刻在北山寺前院右侧围墙上。第一幅内容为"红军万岁"，落款：红十一师制。竖排，阴刻楷体，字幅宽 1 米、高 1.7 米，字高 0.41 米、宽 0.36 米，笔画宽 0.03 米、深 0.003 米，字距 0.05 米。第二幅竖排，楷体阴刻"春天到

了多多培□ / 森林准备耳山耳□ / 为保卫土地而□ / 红九十一政治部"，字幅宽 0.61 米，高 1.09 米。

鸡蛋包梁红军石刻标语

位于平昌县望京乡石街村二组鸡蛋包梁。刻于 1933 年，坐西南朝东北，刻在何封墓牌坊明间左右立柱内侧。立柱高 2.56 米、宽 0.57 米，标语内容为"拥护共产党""打倒国民党"。落款：红十一师政治部制。竖排，阴刻楷书，字高 0.3 米、宽 0.3 米，笔画宽 0.03 米、深 0.01 米，字距 0.05 米。

龟碑红军石刻标语

位于平昌县土兴乡铁城村一组牛场梁，刻于 1933 年。该标语分布在一块高 3.4 米、宽 1.2 米、厚 0.22 米的石碑正面、背面、右侧面上，石碑坐西向东，共三幅，碑正面标语内容为："赤区的穷人尽都分有田地，有饭吃，有衣穿，有房子住，不出款，不完粮，在国民党刘湘压迫下，穷人天天挨饿，挨冷，出捐款，受吊打。消灭刘湘等国民党军阀，好去打帝国主义。西北军区政治部"。碑背面标语内容为："苏联在十七年前的十一月七日把发财人帝国主义都撵跑了，建立了穷人的政府——苏维埃。到现在人人都有好的饭吃、衣穿、房子住，走有汽车飞机坐，再也不受啥子痛苦！西北军区政治部"。碑右侧标语内容为："反对帝国主义进攻苏联"。标语阴刻，竖排，楷体，其中右侧标语字高 0.12 米，笔画宽 0.01 米，字距 0.08 米。

● 龟碑红军石刻标语

粉壁街红军石刻标语

农丰村红军石刻标语

石厂碥红军石刻标语

粉壁街红军石刻标语

位于平昌县粉壁乡粉壁社区发展街 72 号，刻于 1933 年，坐西朝东，共四幅，字幅面积 4.4 平方米。第一、二、三幅刻在粉壁小学宣传栏立柱上，第四幅刻在乡供销社门前石柱左侧。粉壁小学宣传栏左立柱上刻"全苏区男女老小把连起来加紧春耕！红九军二十七师政治部"。中柱上刻"增加苏区的粮食生产是消灭敌人的重要工作"！右立柱上刻"点遍洋芋、荞、菜蔬，不让苏区寸土放荒。二十七师政治部"。三幅标语均为竖排，阴刻楷体，字高 0.1 米、宽 0.1 米，笔画宽 0.01 米、深 0.01 米，字距 0.03 米。乡供销社门柱左侧竖排两列楷体阴刻："刘湘是奸淫妇女的大魔王！"。字幅宽 0.4 米，高 2.6 米。

农丰村红军石刻标语

位于平昌县粉壁乡农丰村一组倒石桥，刻于 1933 年，坐东朝西，分布在高 12.6 米、宽 5.2 米，距地面 3 米高的崖面上。竖排 19 列阴刻楷书，内容为："国民党他不打帝国主义，反转去舐沟子来打我们红军，杀穷人！我们要打帝国主义，就要打倒他的走狗国民党，刘湘是国民党军阀中卖国老手，所以我们消灭刘湘，就是打倒帝国主义的第一步！"。落款：红九十一师政治部。每字高 0.09 米、宽 0.06 米，笔画宽 0.01 米、深 0.01 米，字距 0.1 米，行距 0.3 米。

石厂碥红军石刻标语

位于平昌县泥龙乡小山村一组石厂碥，刻于 1934 年，坐东北朝西南。分布在面宽 15.8 米、高 2.4 米，距地面 0.6 米高的石崖上，有标语两幅，左右排列。第一幅内容为："反对帝国主义侵略中国！"。竖排，阴刻楷体。第二幅内容为："百战百胜的红四方

● 陈家坝红军石刻标语

面军万岁（甲）"。横排，阴刻楷体，每字高 0.4 米、宽 0.4 米，笔画深 0.02 米、字距 0.2 米。两幅标语面积为 37.92 平方米。

陈家坝红军石刻标语

位于平昌县镇龙镇陈家坝，坐西北朝东南，刻在陈文进墓碑明间碑板、明间右立柱内侧面、右次间立柱、右仪墙基座上，共

有红军石刻标语四幅，均阴刻楷体，竖排。第一幅内容为："坚决进攻敌人"，落款：红九军政治部。字幅面宽 0.42 米、高 0.48 米，面积 0.20 平方米，每字高 0.14 米、宽 0.16 米，笔画宽 0.02 米、深 0.01 米，行距 0.3 米，字距 0.3 米。第二幅内容为："加紧戒烟"，字幅宽 0.25 米、高 0.3 米，面积 0.075 平方米。第三幅内容为："打倒国民党"，字幅宽 0.13 米、高 0.74 米，面积 0.018 平方米。第四幅内容为："拥护中国共产党"，落款：红九军政治部，字幅宽 0.77 米、高 0.45 米，面积 0.347 平方米。

卢家山红军石刻标语

位于平昌县镇龙镇三交村四组王家湾。刻于 1933 年，坐东南朝西北。分布在高 4.1

卢家山红军石刻标语

米、宽 4.15 米，距地面 0.4 米高的岩石上，标语正文内容为"工农专政"四字，两边对联，上联为"世界大同万万春"，下联为"革命成功千百载"，落款：红九军政治部。竖排，阴刻楷书，每字高 1.06 米、宽 0.53 米，笔画宽 0.1 米、深 0.03 米，字距 0.08 米，行距 0.13 米。

磅头岩红军石刻标语

位于平昌县镇龙镇园门村三组磅头岩，刻于 1933 年，坐东南朝西北。分布在高 1.61 米、宽 1 米，距地面 0.6 米高的一块独立石头上。内容为"打倒国民狗党"。落款：西北军区政治部，竖排、阴刻楷体，每字高 0.2 米、宽 0.2 米，笔画宽 0.02 米，字距 0.07 米，行距 0.07 米。

大石板红军石刻标语

位于平昌县镇龙镇园门村二组大石板，刻于 1933 年，坐东北朝西南。分布在长 4.7 米、宽 4.2 米，距地面 1.6 米高的独立巨石上。标语内容为"打倒刘湘"。落款：西北军区政治部。横排，阴刻楷体，正文每字高 0.75 米、宽 0.7 米，笔画宽 0.1 米、深 0.04 米，字距 0.23 米。

元石板红军石刻标语

位于平昌县镇龙镇元顶村二组元石板，刻于 1933 年，崖面坐东朝西。分布在长 49 米、宽 17 米的大石坝上，有标语四幅，从左至右排列。第一幅标语内容为："红军打刘湘是为四川穷人除害！"。落款：西北军区政治部。第二幅标语内容为："打倒卖国的国民党政府！"。落款：西北军区政治部。第三幅标语内容为：

磅头岩红军石刻标语

大石板红军石刻标语

元石板红军石刻标语

● 青岗林红军石刻标语

"反对帝国主义瓜分中国"。落款：西北军区政治部。第四幅标语内容为："打倒催捐逼税的刘湘！"

邬家营红军石刻标语

位于平昌县镇龙镇老鹰岩社区，坐东北朝西南。分布在面宽3.18米、高2.8米的山门上。有标语四幅，山门右次间损毁。第一幅刻在明间立柱正面，内容为"一切都归生产者所有，那里容得那些寄生虫"；第二幅刻在明间立柱内侧面，内容为"实行土地革命，铲除封建势力"；第三幅刻在山门右次间碑上，内容

● 邬家营红军石刻标语

为"土地"二字；第四幅刻在右次间立柱正面，内容为"武装拥护苏区"。第三、第四幅标语内容不全，左次间损毁。标语均阴刻，竖排楷书。第一幅标语面积 1.08 平方米，字宽 0.1 米、高 0.15 米，笔画宽 0.015 米、深 0.01 米，字距 0.04 米。第二幅标语面积 0.72 平方米。第三幅面积 1.04 米，每字宽 0.72 米、高 0.55 米，笔画宽 0.1 米、深 0.03 米。第四幅标语面积 0.455 平方米。

青岗林红军石刻标语

位于平昌县镇龙镇元顶村，坐东北朝西南。分布在长 18.95 米、宽 6 米的大石坝上。石刻内容为"庆祝中华苏维埃胜利万岁!"，横排，阴刻楷书，每字高 0.9 米、宽 0.9 米。笔画宽 0.1 米、深 0.03 米，字距 0.25 米。石刻标语左上角石板上刻党旗一面，党旗上刻五角星、斧头及镰刀，红旗面宽 0.2 米、高 0.75 米。

手傍岩红军石刻标语

位于平昌县镇龙镇元顶村，坐南朝北。分布在面宽 10.3 米、高 3.4 米，距地面 2 米高的石岩上。有标语两幅，呈横向排列。第一幅标语内容为"扩大红军"，落款：红九军政治部。横排，阴刻，楷书，字幅长 1.4 米、宽 0.7 米。第二幅标语内容为"扩大游击战争"。落款：红九军政治部。竖排、阴刻、楷书，字幅长 1.3 米、宽 0.8 米。每字高 0.3 米，笔画宽 0.03 米、深 0.02 米，字距 0.06 米，行距 0.1 米。

● **手傍岩红军石刻标语**

第二章

国家一级文物

● 宋豆青釉模印莲瓣纹瓷碗

第 1 节 陶瓷器

宋豆青釉模印莲瓣纹瓷碗

豆青釉，瓷器釉色名，青釉派生釉色之一，起源于宋代的龙泉窑。

模印，做法是用一块印花模子，刻出基本花纹，趁陶模胎尚未全干时，用印模在上面打印出一个个花纹，一般都打印成规整的四方连续图案。豆青釉模印莲瓣纹瓷碗制造于宋代，1989 年 3 月巴中医院住院部窖藏出土。高 6.5 厘米，口径 14.4 厘米，足径 4 厘米。敞口微敛，弧腹，内底微凹，足底有突出鸡心，圈足露胎，通体施豆青釉，内壁素面无纹，外壁模印莲瓣纹。该碗釉色光洁莹润，绿中泛灰，清新淡雅，釉面细腻洁净，用手触之亦觉光滑如玉，是龙泉窑所产瓷器中的精品。

国家一级文物，现收藏于巴州区历史文化博物馆。

宋影青模印莲瓣纹瓷碗

"影青"是人们对宋代景德镇烧制的具有独特风格的瓷器的俗称，由于它的釉色介于青、白之间，青中带白，白中闪青，加之瓷胎极薄，所刻画的花纹迎光照之内外皆可映见，因此被称为影青。

北宋前期的青白瓷并无花纹，以器形的规整和玉一般的釉质取胜。中期以后，它的装饰以刻花为主，兼有印花、浅浮雕、镂空、堆塑，色调雅致大方。青白瓷釉里藏花，若明若暗，给人以无穷韵味。南宋时大量生产，而且风行海内，是市场上的抢手货。当时的影青瓷绝大部分为薄剔而成的透明飞凤等花纹。这些花纹由技艺高超的陶瓷艺人在坯体上刻制之后，以透明青釉高温烧制而成。

影青的釉色主要分为两类：一是白中闪淡青色，厚处闪深绿色，莹润精细，晶亮透彻，前人称其为"假玉器"，有晶莹如玉的美称；二是淡青闪黄，这种釉色的影青瓷最为大量。另外，影青釉中还有一种在器物周身加绘褐色的彩种，人们称为"点彩"。

影青纹饰主要是刻花、划花、印花，还有少量的堆塑花纹。早期器皿多无纹饰，或有少量刻画极为简单的花纹，如蔓草纹、水波纹等。中期以后，花纹显得繁杂，刻花、印花大量出现，常见的有菊瓣纹、莲瓣纹、石榴花、芙蓉花、萱草纹、云龙纹、龙穿缠枝花、缠枝莲纹、缠枝菊花、缠枝牡丹、凤穿牡丹、婴戏牡

● 宋影青模印莲瓣纹瓷碗

丹、海浪纹、海浪五鱼纹、水波双鱼纹、莲塘双鱼纹等。

影青模印莲瓣纹瓷碗，宋代，1991 年出土，高 6.6 厘米，口径 14.4 厘米，足径 4 厘米，重 269.7 克。敞口微敛，弧腹，内底微凹，圈足露胎，通体施影青釉，内壁素面无纹，外壁模印莲瓣纹。其釉色青白淡雅，釉面明澈丽洁，胎质紧致腻白，色泽温润如玉。

国家一级文物，现收藏于巴州区历史文化博物馆。

宋豆青釉瓷执壶

宋代，高 19.5 厘米，口径 9.6 厘米，底径 7.3 厘米，腹径

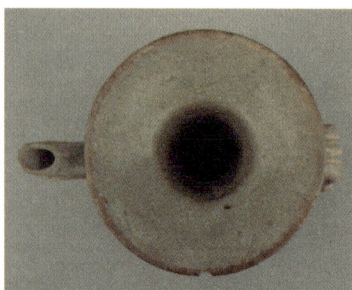

● 宋豆青釉瓷执壶

12.4 厘米，重 0.7849 千克。宽折敞口，长颈，南瓜形腹，平底。颈处与上腹部之间附一扁平曲柄，相对应另一侧肩部有一管状曲流，通体施釉，底部露胎，颈饰弦纹数周。

国家一级文物，现收藏于巴州区历史文化博物馆。

宋陶武士俑

宋代，高 61 厘米，宽 22 厘米，厚 10.3 厘米，重 3.6 千克。立式，双手放于胸前呈持器物状。身穿铠甲，头戴兜鍪，微向

宋陶武士俑

上，口紧闭，双目怒视，通身施黄、绿色釉。

国家一级文物，现收藏于巴州区历史文化博物馆。

宋彩釉线刻折枝花卉纹墓砖

1989 年 6 月南江县流溪坝修水渠经过岳家祠堂时发现古墓，出土大量彩釉线刻折枝花卉纹墓砖。其中八块墓砖于 1996 年被国家赴川鉴定组定为国家一级文物，收藏于南江县博物馆。该墓砖呈四方形，直径约 30 厘米，厚 3.5 厘米，重 4.9—5.2 千克。红色陶胎，正面施黄釉，砖面浅刻花卉于古钱穿纹之中，砖背素面无釉。

宋彩釉线刻折枝花卉纹墓砖

● 汉"天兴子孙富贵昌宜"铺首衔环铜壶

第**2**节

铜铁银器

汉"天兴子孙富贵昌宜"铺首衔环铜壶

汉代，1989年3月巴中县医院住院部窖藏出土。口径25.5厘米，腹径35厘米，足径17.8厘米，高25.5厘米，敛口中，口沿外折，广斜肩，肩部有三周弦纹，腹部有两周凹槽，环底，肩部有对称一对铺首衔环，口沿外折的底外有铭文"天兴子孙富贵昌宜"篆字，字迹圆润秀劲，书体端庄，极为精美。

国家一级文物，现收藏于巴州区历史文化博物馆。

● 汉"天兴子孙富贵昌宜"铺首衔环铜壶

东汉"永元元年朱提堂狼铜官造作"铭文铜镜

质地铜，高 28 厘米，口径 67 厘米，底径 36 厘米，重 17.66 公斤。合范铸造，胎体较厚，形似大盆，表面呈黑色，敞口，宽斜折沿外侈，深腹，腹微鼓，平底。上腹饰四道宽窄不等的瓦棱纹和对称的两铺首衔环耳，内底铸有"永元元年朱提堂狼铜官造作"十二字竖行阳篆铭文。铜鉴系青铜容器，盛水或盛冰用，亦可盛水照容或沐浴，形体较大。其铸造工艺精湛，青铜质感强，铭文秦篆体秀挺拔，笔力遒劲，格式工整对应。

● 东汉"永元元年朱提堂狼铜官造作"铭文铜镜

国家一级文物，现收藏于通江县红四方面军总指挥部旧址纪念馆。

唐黑漆古海兽葡萄铜镜

1987 年第二次全国文物普查时在南江县八庙乡出土，随铜镜出土的还有开元通宝铜钱 10 余枚、银臂钏 1 件、青瓷水盂 1 件。该铜镜呈圆形，直径 14.2 厘米，厚 1.3 厘米，重 800 克。镜背分内外两区，边缘较高，图案纹饰均为高浮雕。背中为蟾蜍形纽；内区绕镜纽为形态各异的海兽五只，或蹲或卧，昂首曳尾；过梁挂有七串饱满的葡萄，区内枝蔓密布，蜻蜓、蜜蜂飞舞其间；外区枝蔓上挂有 31 串葡萄，七只瑞鸟或啄食葡萄，或翘首张望，或振翅欲飞，蜻蜓蜜蜂追逐嬉戏，恰似一幅秋日葡萄园写实图；镜缘内斜饰祥云纹。镜面平整光洁，人影清晰可见。更为珍贵的是，铜镜虽掩埋地下千余年，由于特定的地温地压、湿度等因素，铜镜表面产生了一种耐腐蚀的保护层——黑漆古，更增添了它的价值。

1996 年国家赴川鉴定组定其为国家一级文物，现收藏于南江县博物馆。

宋嘉定银盏

1978 年南江县大坝森林经营所修建电站时窖藏出土银盏 24 件，南江县博物馆收回 16 件。其中 10 件于 1996 年被国家赴川鉴定组定为国家一级文物。该银盏为饮酒器具、劳军之物。盏径 10 厘米，高 3 厘米，重 54 克。六出花瓣状，底砧打梅花，外沿有錾刻铭文"甲""丙""丁"，嘉定丁丑改造到银盏五十六只……"来"嘉定二年……瞻军务盏壹佰肆拾玖只……"吕"两司库银

● 唐黑漆古海兽葡萄铜镜

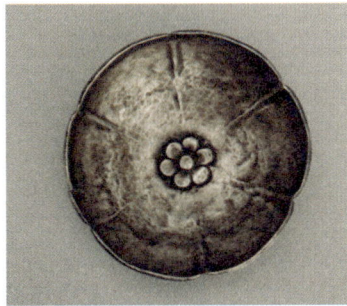

● 宋嘉定银盏

● 宋云锣

打造到清酒都务散盏壹佰只……该银盏是研究米仓道、宋代军事战争史的重要实物。

宋云锣

宋代打击乐器，1986年南江县团结乡筒车村出土。该云锣口径8.9—13厘米，底径8.5—9.5厘米，高1.5—2.1厘米。铜质、圆形、平唇，有三等距小孔易于系挂。浅腹，平底，锣面外凸，根据器物的大小、厚薄敲打出不同的音阶。

其中七件于1996年被国家赴川鉴定组定为国家一级文物，现收藏于南江县博物馆。

1937年老红军王定烈在祁连山战斗中受伤后从体内取出的铁子弹头

该子弹头系步枪子弹头，圆锥体，长3.1厘米，直径0.4厘

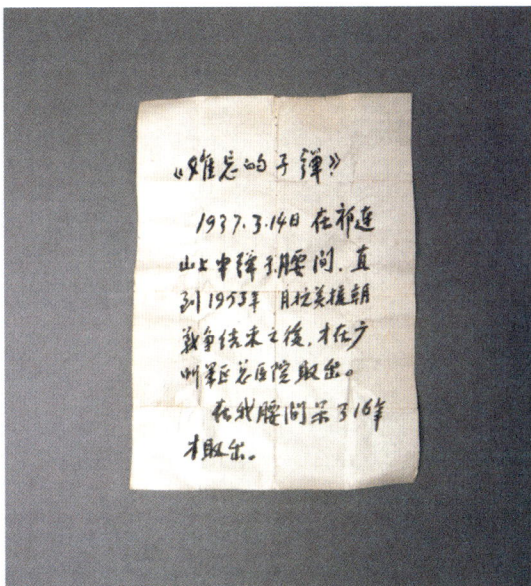

1937 年老红军王定烈在祁连山战斗中受伤后从体内取出的铁子弹头

米，外表陈旧，呈古铜色。子弹头和说明书放置在金属圆盒内，盒高4.8厘米，直径0.25厘米。

王定烈将军1933年参加红军，任三十三军二九五团文书，参加了川陕革命根据地的宣达战役、红四方面军长征和西路军的浴血奋战，在祁连山的血战中被敌人的子弹打中腰部，仍顽强战斗，幸而脱险。此后，王定烈将军戎马倥偬，转战南北，无暇顾及，子弹头造成腰间隐隐作痛，直到抗美援朝结束，于1953年在广州军区总医院取出了这颗在体内待了16年的子弹。王将军将这颗难忘的子弹放在家里保存了54年后，于2007年7月25日捐献给川陕苏区将帅碑林纪念馆。这颗子弹头不仅是西路军血泪交融的历史见证，也是王定烈将军坚强毅力和革命情操的象征。

2011年7月5日，国家文物鉴定委员会专家阮家新、赵永芳、史占扬、苏欣鉴定，一致认为该子弹头具有很高的历史价值，确认为国家一级文物，现收藏于川陕革命根据地博物馆。

● 明洪武"大明通行宝钞"纸币

第3节

钱币

明洪武"大明通行宝钞"纸币

明代，纸质，长34厘米，宽22厘米，重6.8克。1983年8月巴中市巴州区城守乡一村七组出土。

洪武八年（1375）诏中书省造"大明通行宝钞"。面额自一百文至一贯，共六种，一贯等于铜钱一千文或白银一两。大明通行宝钞是我国也是世界上迄今票幅面最大的纸币。票面上端为"大明通行宝钞"六个汉字，中部顶端为"壹贯"钞额，其下为十串铜钱图案，两侧分别为篆书"大明宝钞""天下通行"字样。再下端注文曰："户部奏准印造大明宝钞，与铜钱通行使用，伪造者斩，告捕者赏银贰佰伍拾两。洪武 × 年 × 月 × 日。"宝钞四周饰以龙纹及海水图案。明太祖朱元璋洪武八年，建立纸币本位制度，设宝钞提举司，立钞法。发行的"大明通行宝钞"不兑换纸币。

国家一级文物，现收藏于巴州区历史文化博物馆。

1933 年川陕苏区壹串纸币

长 12.7 厘米，宽 8.6 厘米，重 1.31 克，横排版，彩色石印；正面中央为列宁肖像，"壹串"二字排列左右，字下有红色五星衬底图案，上端"川陕省苏维埃政府"呈弧形排列，其下横书"工农银行"，头像下有英文和"中华苏维埃共和国三年"字样，四角有圆形"壹"字；背面是以拳头衬底的"苏联经济建设"草绿色图案，右下角钤有"川陕省工农银行"红色印章。

该文物是川陕苏区发展金融事业的历史见证，充分反映了川陕苏区时期金融事业发展、货币发行的面貌，在中国革命根据地金融货币史上占有非常重要的地位。

国家一级文物，现收藏于川陕革命根据地博物馆。

川陕苏维埃工农银行银币

1933 年 2 月红四方面军在通江成立了川陕省苏维埃政府。10 月，夺获了绥定府造币厂，迁至通江改名为中华苏维埃川陕造币厂，开铸了五角星版三种新式的一元银币。此币直径 3.85 厘米，厚 0.25 厘米，重 24.5 克。银币正面上镌"中华苏维埃共和国"八字，中间镌"壹圆"二字，两旁为正五角星，下镌"川陕省造币厂造"七字。反面上镌"全世界无产阶级联合起来"

● 1933 年川陕苏区壹串纸币

● 川陕苏维埃工农银行银币

十一字，中间镌镰刀、锤子图案于地球之上，两旁为梅花，下镌"一九三四年"五字。

1991年被四川省文物巡回鉴定组鉴定为国家一级文物，现收藏于南江县博物馆。

1933年川陕省工农银行发行壹圆布币

白布，横式长方形，纵7.7厘米，横16.9厘米，重2.5克。套色石印，正、背面均有白色边框。正面浅黄色底，中上方是斯大林头像，头上左右两侧八字形排列"中华苏维埃共和国"八字，一边四字，像下两个党徽对称，党徽左边是农民像，党徽右边是工人像，党徽下自右至左是"川陕省工农银行发行"九字，字下横排八个小连环。下部正中是"一九三三年十二月"八

● 1933年川陕省工农银行发行壹圆布币

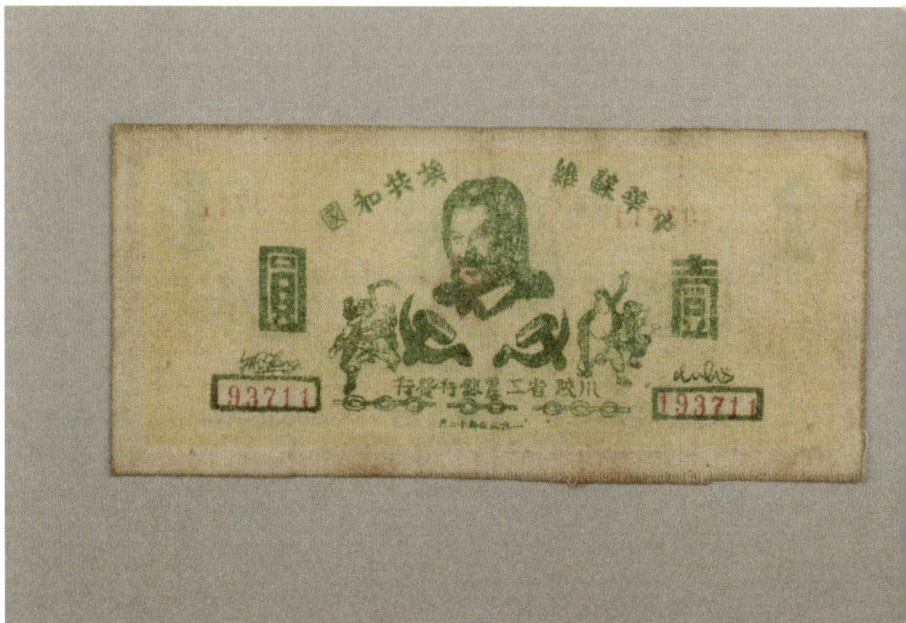

个小字。布币正中头像右边为"壹"字，左边为"圆"字，字下是手写体俄文，俄文下长方形框内是红色编号"193711"，布币的左右上角均印有淡绿色的阿拉伯数字"1"。背面，浅绿底色，正中有一地球，地球面上左为拿枪的工人像，右为拿枪的农民像，手拉手，两像之间有一红色五角星图案。像之上端有弧形排列的"全世界无产阶级联合起来"十一字，俄文下右边是"土地归农民"，左边是"政权归苏维埃"，中间工农像下有阿拉伯数字"1933"字样。左下角盖有竖长方形篆字体朱文印章"川陕省工农银行印"。币面除编号、五星、印章外，所有的文字、图案均为草绿色。

国家一级文物，现收藏于通江县红四方面军总指挥部旧址纪念馆。

1934 年川陕苏区壹圆银币

直径 3.9 厘米，厚 0.2 厘米，重 25.2 克，川陕省造币厂制造，正面分为中心和外环两部分。中心内环内竖排书"壹圆"面额数字，中心与外环以连珠或散珠圆圈分隔。外环左右中部稍下对称分布五角星一个（五角星的变化较多），五角星上面从右至左弧形排列"中华苏维埃共和国"八字，五角星以下从右至左弧形排列"川陕省造币厂造"七字；背面亦分为中心环和外环两部分。中心环为地球图案，上有中国地图，在地图上有镰刀、斧头的党徽图案。外环左右中部偏下对称分布小四瓣星各一，向上从右至左排列"全世界无产阶级联合起来"十一字，星下从右至左为"一九三四年"的造币时间。正、背两边的边缘都由小圆点相连成外圈。

该文物是川陕苏区发展金融事业的历史见证，充分反映了川

● 1934 年川陕苏区壹圆银币

陕苏区时期金融事业发展、货币发行的全貌，在中国革命根据地金融货币史上占有非常重要的地位。

国家一级文物，现收藏于川陕革命根据地博物馆。

1934 年川陕苏区叁串纸币

长 15.5 厘米，宽 7.5 厘米，重 1.2 克，竖排版，币材为白厚道林纸，彩色石印。正面以"工农银行"为衬底，四角面额"3"；正中有三匹彩色战马图案；顶端右至左弧形排列"中华苏维埃共和国川陕省"，下部横排"土地归农民／政权归苏维埃／八小时工作"三行红色篆字，下方正中红色空心字"三串"，两边各盖有篆体小方形红色印章，右为工农银行行长印"义斋"，左为"工农银行"印。底端有

● 1934 年川陕苏区叁串纸币

"1934"；背面有蓝线框边，框内为党徽衬底图案，"全世界无产阶级联合起来"呈弧形排列；下面为列宁半身像和"坚决保卫赤区"，底端有红色"019418"钞票编号。

该文物是川陕苏区发展金融事业的历史见证，充分反映了川陕苏区时期金融事业发展、货币发行的面貌，在中国革命根据地金融货币史上占有非常重要的地位。

国家一级文物，现收藏于川陕革命根据地博物馆。

1934 年川陕省造币厂造壹圆银币

银质，圆板无穿，直径 3.9 厘米，厚 0.2 厘米，重 26.6 克。机铸，边道和边沿均有齿纹。正面珠圈内有直写"壹圆"二字，

● 1934 年川陕省造币厂造壹圆银币

外围上铸"中华苏维埃共和国"八字，下铸"川陕省造币厂造"七字，外围上下两字之间左右对称各铸一大五角星。背面中心铸地球、剖面形镰刀、斧头图案，镰刀斧头压地球面上。外围上铸"全世界无产阶级联合起来"十一字，下铸"一九三四年"字样，上下两字之间左右对称各铸一四瓣小花。整个币面文字均系阳文楷书。

该银币铸造精美，现存世量较少，是中国革命史上早期货币经济的宝贵资料，具有重要的研究价值。

国家一级文物，现收藏于通江县红四方面军总指挥部旧址纪念馆。

第**4**节

文献证件

1933—1935年川陕苏区分配土地花名册

长24.5厘米，宽14.5厘米，重130克，暗黄色土纸，共15张复页，其中6张浸染保存者的血迹，文字竖排墨书，每页手书五行字（五个户头），每行包括姓名、男女人口总数、共分得谷子多少背，以户为单位计算，人均四五背不等。这血迹斑斑的土地册，刻下了反动派的罪恶，它使我们牢记过去的艰苦，倍加珍惜党带给我们的幸福，永远激励我们发扬红军精神、继承革命传统，为繁荣老区经济而努力奋斗。

国家一级文物，现收藏于川陕革命根据地博物馆。

1933年川陕苏区累进税执据及印花税票

长25厘米，宽9.5厘米，重0.5克，竖长方形，立式排版，楷体石印，整个版面有镰刀、铁锤和五星图案，五角

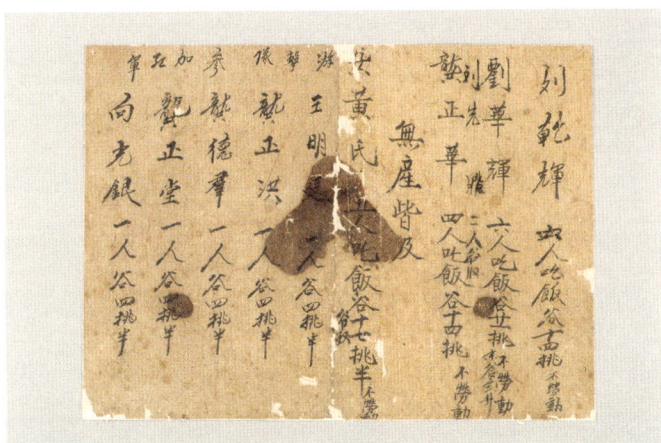

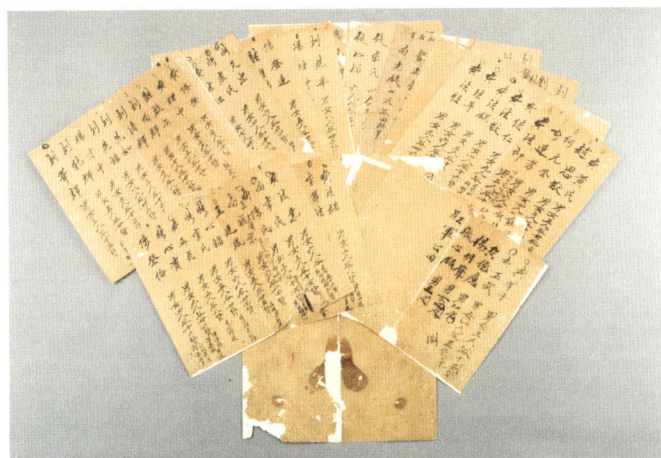

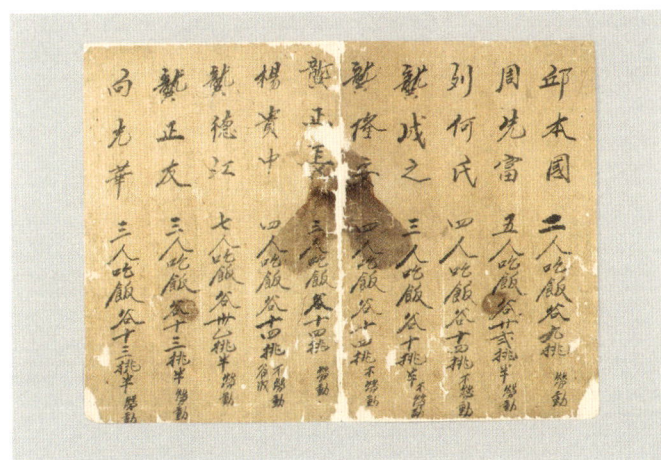

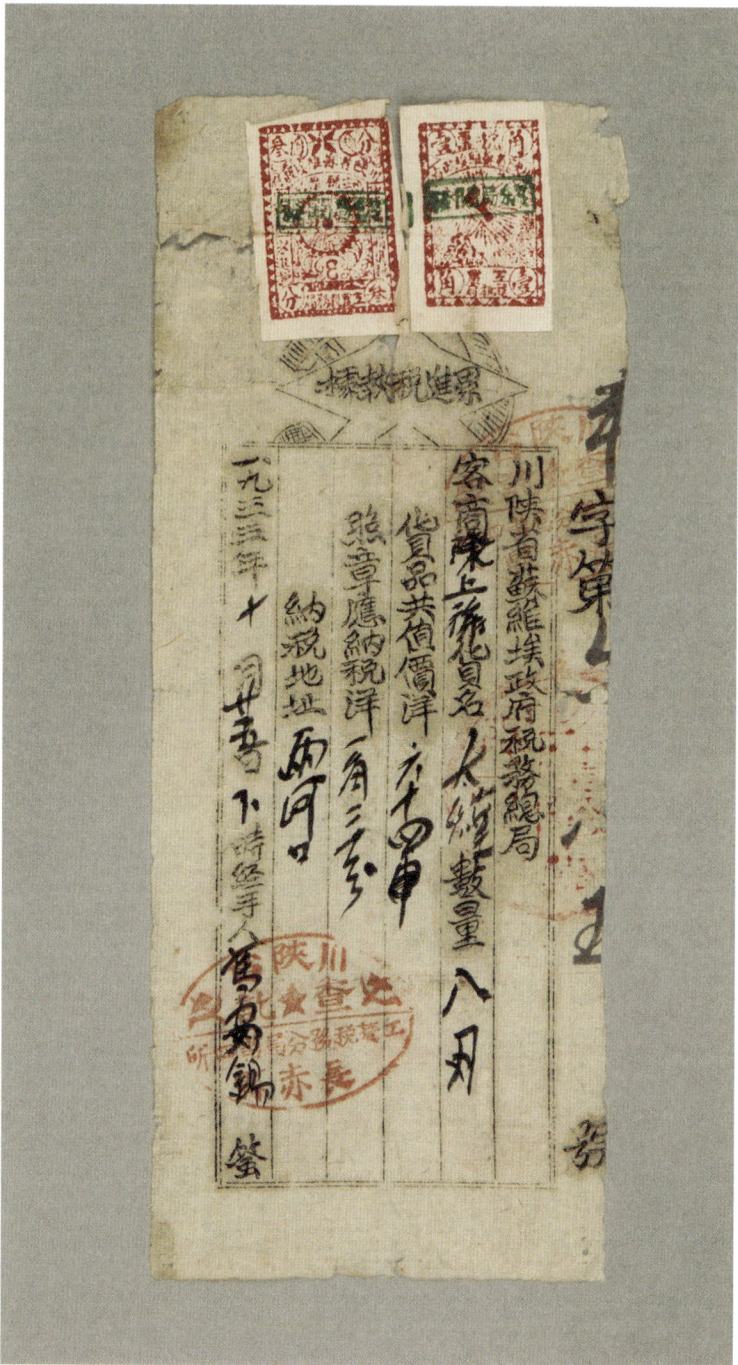

● 1933 年川陕苏区累进税执据及印花税票

星内有"累进税执据"五个字，正文用竖条格共六行，从右至左为："川陕省苏维埃政府税务总局；客商陈上禄，货名大烟；数量八两；货品共值价洋六十四串；照章应纳税洋一角三分；纳税地址：两河口；一九三三年十月廿五日下时；经手人：冯安锡鉴。"右裁缝处有"字第六八五号"。正文上有两枚椭圆形印章和一枚圆形印章。两枚椭圆形印章印文"川陕省长赤县工农税务分局第四所查讫"，圆形印章印文不清。

印花税票的发现，为研究川陕革命根据地财政经济政策和税收制度提供了不可多得的实物佐证和科学依据，具有十分重要的史料价值。

国家一级文物，现收藏于川陕革命根据地博物馆。

1933—1935 年红军家书及家属分地保条、土地使用证

红军家书及家属分地保条、土地使用证，由三部分组成，均为纸本。

红军家书：横式长方形，纵 24.2 厘米，横 27.2 厘米。正面上、下、右三边均有紫色粗线边框，左上部边框为回纹，下部有紫色"巴中□□□□"六字，边框内均为紫色竖条格，其中上部有一条，中部两条紫色横线。墨迹，行草，16 竖行 263 字，内容大意为：红军战士余琼章问候父母及家中分田地情况，并报告自己在部队工作及身体状况等。落款：阴全月初九日余琼章。

保条：横式长方形，纵 27.2 厘米，横 31.7 厘米。墨迹，楷书，22 竖行，内容大意为：赤江县第四区三乡二村村民余平章因家中人口多，祖业田地所收粮食不能度荒旱年，便将其当完，靠喂猪、纺棉和做一点小生意艰难度日，红军来了后，将地主的田

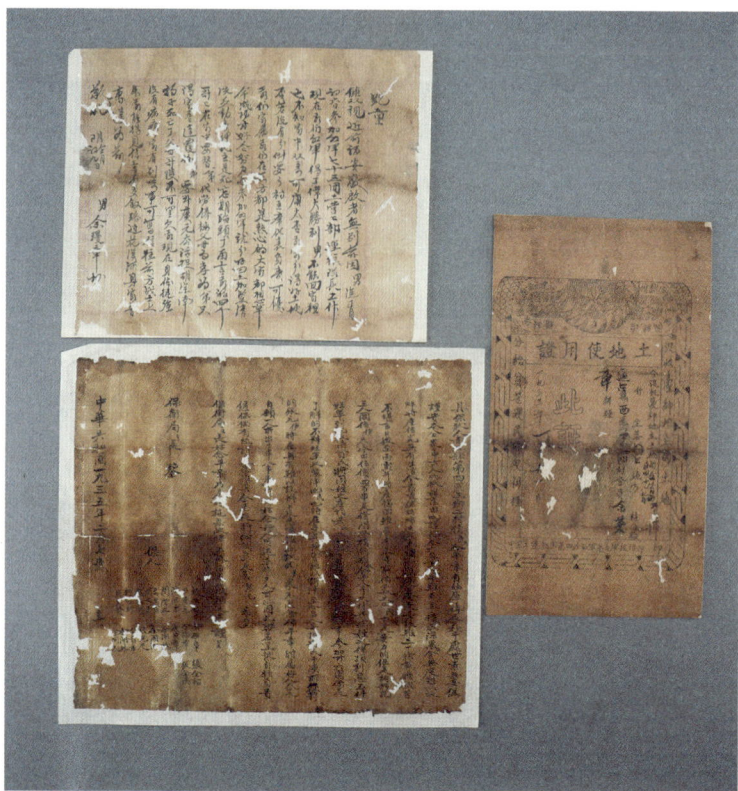

● 1933—1935 年红军家书及家属分地保条、土地使用证

分二十四背给余平章，红军撤离后，有人举报，村民二十人联名向保卫局立保条。立保时间为"中华苏维埃共和国一九三五年二月七号"。

土地使用证：竖长方形，纵 30.5 厘米，横 17.9 厘米。石印，左、右、下三边为回纹边框，上部用网格图案做底图，网格面上印一椭圆形白色框，框内右有"推翻国民党军阀统治"、左有"建立全国苏维埃政权"之标语。白色椭圆形框面上印一向日葵图案，向日葵内及两边网格内各印一五角星图案。回纹边框内四边又各用两条直线构成边框，上边框内从右至左横书楷体"土地使用证"五个大字，下边框内从左至右横书楷体"中国工农红军第四方面军第九军政治部印"，右边框内竖书"没收豪绅地主的土地"，左边框内竖书"分给贫苦农民群众耕种"。中间为竖行右行的登记内容"今没收豪绅地主土地闫文清□□十□背自田十八背斗升坐落门口地方特分给通江县西区五乡四村会员余英章耕种此证一九三三年一月十一日"。土地使用证上除填写有关内容和时间为墨迹外，其余均为石印。

国家一级文物，现收藏于通江县红四方面军总指挥部旧址纪念馆。

1945 年老红军严尚林参加中共七大期间的代表证

代表证呈长方形，由枣红色布外皮和纸内贴组成，展开长9 厘米、宽 6.8 厘米。左边蓝色方框内的上方，横排蓝色仿宋繁体字，首行五字"中国共产党"，二行九字"第七次全国代表大会"。方框正中下方竖排蓝色楷体"代表证"。右侧竖排"第四七八号"，系手写。左侧竖盖红色印记"候补"二字。右边方框内的上方横排两行：座号 32 排 18 号；姓名严尚林，座号的数字和姓名系手写。水波线下方横排蓝色书宋体："注意：1. 绝不得转借，不得遗失。2. 出入会场须受门卫检查。"末行落款：七大秘书处制。展开的两方框之间盖椭圆形红色印章，上刻"中国共产党"；下刻"第七次全国代表大会"；中刻"秘书处"，均为右读繁体。中左刻红五星，中右刻镰刀斧头（党徽）。

中国共产党第七次全国代表大会于 1945 年 4 月 23 日至 6 月11 日在延安举行。正式代表 547 人，候补代表 208 人。大会是在世界反法西斯战争即将取得最后胜利和中国抗日战争战略反攻的前夜召开的。这次大会决定了党的政治路线：放手发动群众，壮

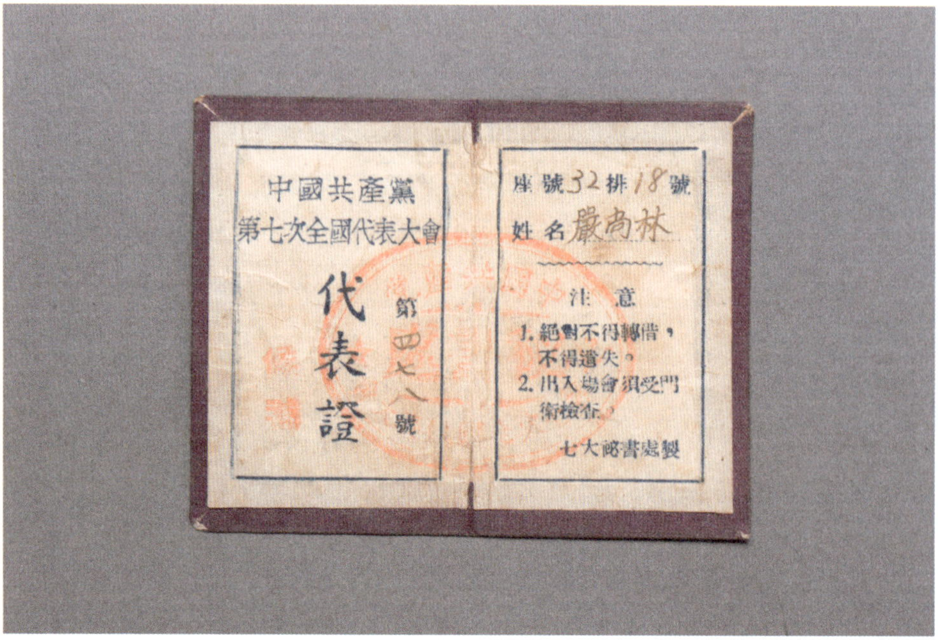

● 1945 年老红军严尚林参加中共七大期间的代表证

● 1944—1948 年晋冀中部地形图

大人民力量，在共产党的领导下打败日本侵略者，建立一个新民主主义的中国。中共七大的意义非常重大，为抗日战争和解放战争的胜利做了思想准备，指明了航向。

老红军严尚林时任八路军团长，当选中共七大候补代表，出席了这次具有划时代意义的大会。此后，他一直珍藏着七大党代表证，直到 2003 年 9 月 13 日亲自将此证捐献给家乡的川陕苏区将帅碑林纪念馆保存至今。

2009 年 3 月 18 日，经四川省馆藏文物鉴定组专家苏欣、李邵和、史占扬、于建章、刘振宇鉴定，一致认为该"七大党代表证"，具有很高的价值，确认为国家一级文物，现收藏于川陕革命根据地博物馆。

1944—1948 年晋冀中部地形图

晋冀中部地形图，纸质长方形。分绘制地形、地貌、等高线的"地形地图"和只绘制山川、河流、交通线的"区域地图"两卷。每卷分七册，每册张数不一，多则 10 张，少则 3 张。每张测绘图的版幅大小不等。最大纵 45 厘米，横 60 厘米；最小纵 29.5 厘米，横 44.3 厘米。

每卷翻印时间和翻印单位亦不同。地形地图系 1944 年 8 月由晋察冀军区第十三军分区司令部翻印。该卷"图表"则为 1944 年 12 月印制。区域地图系 1948 年 7 月由中国人民解放军华东军区司令部翻印，该卷"图表"则为 1948 年 8 月 1 日印制。该地图接合图（集）共 92 页（张），除两张"图表"外，其余 90 张图为 90 个区域测绘点。在使用时，用红、蓝色在图上做了标记的有 25 张。

该晋冀中部地形图，分别在民国三十三年（1944）和民国三十七年（1948）翻印，一直保存在晋察冀军区第十三军分区司令部。在解放战争时期，邓文彪任十三兵团师长时，分得该地形图。在解放热河省和华北的战斗中，该地形图在军事部署、包围敌人的据点、调集部队、与友军合作等军事行动中起到了很大的作用。邓文彪一直将该地形图保存，去世前转交给儿子邓甲夫，邓甲夫于 2009 年 5 月 15 日将其捐献给川陕苏区将帅碑林纪念馆保存至今。

2011 年 7 月 5 日，经国家文物鉴定委员会专家阮家新、赵永芳、史占扬、苏欣鉴定，一致认为该晋冀中部地形图具有很高的价值，确认为国家一级文物。现收藏于川陕革命根据地博物馆。

第三章

国家二级文物

● 汉车马纹画像砖

第 1 节

陶瓷器

汉车马纹画像砖

汉代，长 34.5 厘米，宽 5.5 厘米，厚 10 厘米，1982 年巴中县水泥厂工地古墓出土。画像砖整体为浅浮雕，画面分左右两区，左边为双层菱形纹饰，线条粗犷，构图简洁。右边为车马：马的形象写实，两耳竖立，张口，体形壮硕，行走状；车的形象写意，长辕，巨型车轮。该画像砖在粗犷古朴中见细腻，反映了当时汉人的生产生活场景，为研究汉画雕刻艺术的发展演变提供了珍贵的实物资料。

画像砖是汉代的历史产物，距今已有 2000 多年历史，主要用于营造墓室里的墙壁、墓顶、墓门和墓柱等，既是建筑材料，也起到了装饰作用，富有鲜明的时代特征，具有汉族的艺术风格。四川为汉代画像砖三大产地之一，手法粗犷而灵动，题材十分丰富，诸如历史故事、神话传说、天象星宿、车骑出行、舞乐百戏、奇禽怪兽、狩猎斗鸡和楼阁建筑等，堪称反映汉代社会的百科全书。

国家二级文物，现收藏于巴州区历史文化博物馆。

汉朱雀玄武菱形纹砖

汉代，长 42 厘米，宽 16.5 厘米，厚 11.7 厘米，1982 年巴中县水泥厂工地古墓出土。

● 汉朱雀玄武菱形纹砖

汉砖多饰以精美图案，题材多样，内容丰富，或以文字昭示治国理念，或以精美纹饰表现繁荣富强，或以经典故事阐释人生哲理，或以奇思妙想反映神仙世界，无不精美绝伦，令人赞叹，形成一个无法超越的时代艺术高峰，是研究汉代社会百态的"活化石"，也是学术界考证历史的珍贵资料。

在古代神话中，朱雀是主南方七宿的神，这一形象吸取了鹑鸟、孔雀、雉、原鸡等鸟类特征，还兼有一些鸷禽的特点，是古代人对南方仙禽的艺术构想，它活泼灵动、热烈饱满，又具有无限威势、尊严气派。玄武主北方七宿，是一种由龟和蛇组成的灵物。青龙、白虎、朱雀、玄武四神是汉代画像砖的常见题材。汉代流行以"四神"表示方位和阴阳五行之属性。该画像砖为浅雕，主图案为菱形纹，中部两个菱形格里雕刻朱雀和玄武纹饰。两只神兽相对而立。

国家二级文物，现收藏于巴州区历史文化博物馆。

唐缠枝纹陶执壶

唐代文物，1956 年巴中县上八庙古墓出土。执壶通高 23 厘米，口径 6.8 厘米，足径 6.5 厘米，腹径 22.5 厘米。杯口，圆唇外侈，长颈，鼓腹下收，平底，肩颈外与上腹部之间附一扁平曲柄，对应的另一侧肩部有一管状曲流，肩、腹部间饰两周阴刻缠枝花纹，外施黄釉，釉不及底，有滴釉状。

执壶在唐代最为常见，普遍为撇口，瓷器的使用在唐代更为普及，瓷器烧造技术迅速发展，其形制虽承袭南北朝与隋代风格，但有两点较为突出：实用性大大增强；地域特色逐渐增强。唐代执壶把儿小，脖子短而肚子大，丰腴之作颇多，秀雅之作极少。瓷制的茶具、餐具、酒具、文具、玩具、乐器以及实用的

瓶、壶、罐等各种器皿，几乎无所不备。

国家二级文物，现收藏于巴州区历史文化博物馆。

宋白釉瓷碗

1956 年巴中县上八庙古墓出土。重 148.5 克，高 3.4 厘米，口径 12.4 厘米，足径 5.2 厘米。敞口，弧腹，矮圈足，通体施釉，釉色呈乳白色，外底露胎体。

国家二级文物，现收藏于巴州区历史文化博物馆。

● 宋白釉瓷碗

宋影青瓷斗笠碗

宋代，高 4.5 厘米，口径 13.5 厘米，足径 3 厘米，重 0.1315 千克。碗呈斗笠式，敞口，斜直壁，圈足。通体施影青釉。内外壁光素无纹饰，圈足底部露胎。斗笠碗，碗的一种式样。广口，斜腹壁呈 45 度角，小圈足。因倒置过来形似斗笠，故名。宋代始烧，此后历代均有烧制。

国家二级文物，现收藏于巴州区历史文化博物馆。

宋影青瓷碗

宋代，高 4.5 厘米，口径 11 厘米，足径 3 厘米，重 0.104 千克。1956 年巴中县上八庙古墓出土。敞口，口沿处外撇，斜直壁，圈足。通体施影青釉，釉色青中泛黄。内底有圆环状凸起，

● 宋影青瓷斗笠碗

● 宋影青瓷碗

圈足底部露胎。

国家二级文物，现收藏于巴州区历史文化博物馆。

宋印花蟹壳釉瓷碗

宋代，高 4.6 厘米，口径 11 厘米，足径 2.9 厘米，重 0.078 千克。1956 年巴中县上八庙古墓出土。侈口，斜直腹，圈足。内外壁施蟹壳釉，内壁有团花纹饰。蟹壳釉，瓷器釉色名，一种带黄色的青釉，早期结晶釉之一。以铁为呈色剂，釉色类似蟹壳色，故名。还原焰烧成。

国家二级文物，现收藏于巴州区历史文化博物馆。

宋白釉瓷盏

宋代，高 3.5 厘米，口径 13.5 厘米，足径 5.0 厘米，重 0.1219 千克。敞口，斜直壁，通体施白釉，矮圈足，外壁底部有叠烧环。

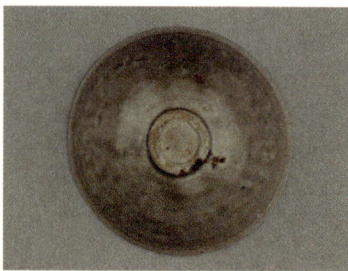

● 宋印花蟹壳釉瓷碗

　　叠烧是瓷器装烧的一种方法，即将多件器坯叠在一起装烧，器物间隔以垫烧物。叠烧方法可分为：（一）支钉叠烧，古代多用此法。（二）支圈叠烧，如定窑。（三）重合叠烧或刮釉叠烧，即在器物内心（以盘碗为多）刮去一圈釉，然后将叠烧器物底足（无釉）放置其上，一般 10 件左右逐层重叠，金代产品盛行此法。另外，瓷坯施釉入窑之前，在器物内底（以碗盘为最多）先刮去一圈釉面，形成露胎环；然后将叠烧的器物底足置其上（凡叠烧器物底足均无釉），使露胎环正好与无釉的器足接融，并逐层重叠。这种叠置装烧的方法，称为砂圈叠烧法。

● 宋白釉瓷盏

国家二级文物，现收藏于巴州区历史文化博物馆。

宋豆青釉瓷盏

宋代，高 4.7 厘米，口径 9.2 厘米，足径 3.4 厘米，重 0.1219 千克。圆唇，深弧腹，圈足，足底露胎，开片，鸡心底，通体施豆青釉，釉里泛红，釉色莹洁，给人以清新明快之感。

瓷盏，饮茶用具。基本器形为敞口小足，斜直壁，一般较饭碗小，较酒杯大。瓷盏在东晋时已有制作，所见实物器形为直口直腹壁，饼状平底足，施青釉，开细碎纹片。南北朝时饮茶之风逐渐流行起来。宋代斗茶之风大盛，因便于观察茶沫白色的

缘故，所以特别崇尚建窑和永和窑的黑釉盏。宋时盏形大致有两种：一为小浅圈足，斜弧腹，口沿直；另一种为撇口，如喇叭，小浅圈足，腹壁斜直。有的以描金装饰，书写"寿山福海"字样。除建窑外，宋代的官窑、哥窑、定窑、钧窑、龙泉窑、吉州窑都普遍烧制茶盏。

国家二级文物，现收藏于巴州区历史文化博物馆。

宋白釉瓷盘

宋代，高2厘米，口径11.7厘米，底径6厘米，重0.085千克。侈口折沿，浅腹坦底。通体满釉，釉色灰白泛黄，胎质坚细。制作规矩、精致。色调上属于暖白色，细薄润滑的釉面，给人以温润恬静的美感。

国家二级文物，现收藏于巴州区历史文化博物馆。

● 宋白釉瓷盘

● 宋影青双鱼瓷盘

宋影青双鱼瓷盘

宋代，高2.5厘米，口径13.8厘米，底径9.5厘米，重0.1132千克。敞口，通体施影青釉，外壁有裂片纹，矮圈足，内壁纹饰分两层，内层为花瓣和鱼纹，外层为水波纹。

国家二级文物，现收藏于巴州区历史文化博物馆。

宋白地褐彩剔花瓷瓶

宋代，高27.4厘米，口径3厘米，底径7厘米，重1.5千克。1956年巴中县上八庙古墓出土。小直口，厚唇，外侈，短束

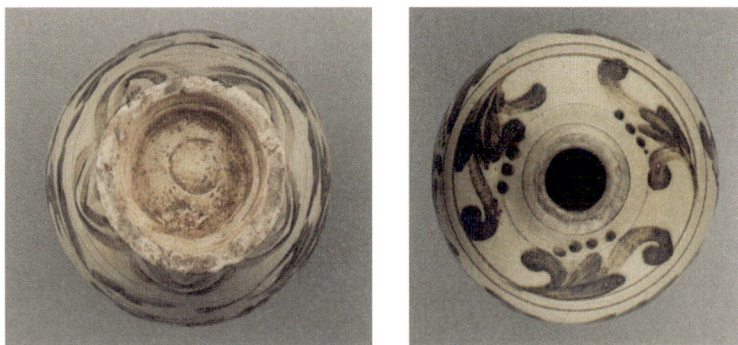

● 宋白地褐彩剔花瓷瓶

颈，溜肩，长腹下收斜直，平底。腹身图案以双环线分上、中、下三区，上区为褐色花瓣，中区饰褐色折枝花卉，下区叠叶纹。施釉，釉色白中泛黄。

国家二级文物，现收藏于巴州区历史文化博物馆。

宋影青刻花双鱼瓷盘

宋代，呈圆形，口径 14 厘米，高 2.5 厘米，底径 9 厘米，重 110 克。芒口，斜腹，平底。沿口内外无釉。内下壁刻画回形纹及花卉，底部刻画花卉及双鱼纹，外壁及底部施釉无纹饰。

1992 年被四川省文物巡回鉴定组鉴定为国家二级文物，现收藏于南江县博物馆。

● 宋影青刻花双鱼瓷盘

● 宋影青菊纹瓷碟

宋影青菊纹瓷碟

宋代，呈圆形，口径 10.5 厘米，高 2.2 厘米，重 70 克。花口，斜腹，平底。口边呈菊纹瓣状，共 24 瓣，碟内为菊花纹，底部无釉。

1992 年被四川省文物巡回鉴定组鉴定为国家二级文物，现收藏于南江县博物馆。

宋刻花豆青瓷碗

宋代，通高 8.5 厘米，口径 14 厘米，圈足直径 6 厘米，重 450 克。碗通体豆青釉面，敞口，圆唇，直腹下收。碗外壁施菊花纹，内壁刻画折枝花纹。

1992 年被四川省文物巡回鉴定组鉴定为国家二级文物，现收藏于南江县博物馆。

宋影青镂空菊花纹瓷香熏

宋代，高 6 厘米，直径 6 厘米，重 80 克。呈球形，分上下

● 宋刻花豆青瓷碗

● 宋影青镂空菊花纹瓷香熏

两半合成。上半球为两朵藤花，镂空交错，铺满整个半球面，其花纹为穿花，共 34 孔；下半球外观似一朵盛开的花朵，带圈足。

　　1992 年被四川省文物巡回鉴定组鉴定为国家二级文物，现收

● 宋代彩釉花卉墓砖

藏于南江县博物馆。

宋彩釉花卉墓砖

1989 年 6 月，南江县流坝乡修建水渠发现古墓，出土 40 余块宋代彩釉花卉墓砖，其中 9 块于 1992 年被四川省文物巡回鉴定组鉴定为国家二级文物，现收藏于南江县博物馆。墓砖均为正方形，直径约 30 厘米，厚 3.5 厘米，重 4.94—5.2 千克。红色陶胎，正面施黄釉，砖面浅刻花卉于古钱穿纹之中，砖背素面无釉。

宋豆青釉荷花纹瓷碗

质地瓷，高 7 厘米，口径 19.2 厘米，底径 5.6 厘米。敞口，圆唇，弧腹，圈足。器内壁下部及底饰荷花、荷叶及波浪纹，器外口沿下饰凸棱一周。器内外壁皆施豆青釉，釉下开片，釉面均匀，洁净光滑，釉色淡雅，烧制精良，图纹华丽，具有较高

宋豆青釉荷花纹瓷碗

宋影青印花瓷盘

宋白釉画花瓷罐

的艺术价值。

国家二级文物，现收藏于通江县红四方面军总指挥部旧址纪念馆。

宋影青印花瓷盘

质地瓷，高 2.6 厘米，口径 13.9 厘米，底径 10 厘米。器内外壁皆施影青釉，敞口，尖唇，扣边，印花，平底。扣边内窄外宽，内外扣边均已脱落。内壁扣边下饰回纹一周，回纹下近底处饰荷花、荷叶纹一周，盘底中心饰荷花一朵，四周饰海水游鱼纹，荷花两侧饰朝向一致的两条游鱼，另两侧饰两条朝向相反而游戏在层层波浪之中的游鱼。器外壁素面无纹。印花精美，釉色淡雅莹润，图案立体感极强。

国家二级文物，现收藏于通江县红四方面军总指挥部旧址纪念馆。

宋白釉画花瓷罐

质地瓷，画花。高 24.8 厘米，口径 13.5 厘米，底径 14.4 厘米。敛口，圆唇，短颈，溜肩，下腹内收，圈足微外撇。器内壁施黑褐色釉，外壁肩颈处至上腹施白釉，下腹及底施灰釉，近底处釉较薄。颈部饰两细一粗三道弦纹，下腹部饰细弦纹两周，将器身分为三段。颈及下腹部素面无纹，肩及上腹部画黑褐色卷叶纹。该罐系彩绘瓷品种之一，它是在素胎上用褐彩绘画，制作简便，纹饰清新，美观朴实，色调对比鲜明，烧造工艺精湛，是一件难得的艺术珍品。

国家二级文物，现收藏于通江县红四方面军总指挥部旧址纪念馆。

● 宋影青印花双凤瓷碗

● 宋豆青釉荷花纹瓷盘

宋影青印花双凤瓷碗

质地瓷,印花,高 4.8 厘米,口径 10.4 厘米,底径 3.4 厘米。侈口,尖唇,口以下渐收敛至圈足。器内外壁皆施影青釉,扣边,内宽外窄,内外扣边均已脱落,器内壁扣边下饰回纹一周,回纹以下及底饰朝向相反、拖着长长尾巴展翅飞翔的双凤及荷叶、荷花纹。器外壁素面无纹。此碗印花精美,布局严谨,讲究对称,釉面均匀,洁净光滑,釉色淡雅,呈半透明状,色泽达到白里泛青、温润如玉的艺术效果。

国家二级文物,现收藏于通江县红四方面军总指挥部旧址纪念馆。

宋豆青釉荷花纹瓷盘

质地瓷,高 2.3 厘米,口径 12.4 厘米,底径 5.3 厘米。烧制,葵花形口,敞口,圆唇,半砂底,圈足内凹,盘身由 16 个内凹外凸的花瓣组成,似菊花。内底饰莲花、莲叶纹。器内外壁皆施豆青釉,釉面均匀,洁净光滑,釉色淡雅,晶莹透明,釉下开片。瓷盘造型独特,工艺精美。

国家二级文物,现收藏于通江县红四方面军总指挥部旧址纪念馆。

宋三彩釉陶砖

泥质红陶,地砖,模制,正方形,边长 31.3 厘米,厚 5 厘米。砖面正中线刻一四出正方形,四角向地章处延伸出尖,连到地砖四个角。地砖面施三彩釉,正中四出正方形施褐釉,四出正方形外四边均施绿、茶色釉相间。

国家二级文物,现收藏于通江县红四方面军总指挥部旧址纪

念馆。

宋三彩釉陶砖

泥质红陶，地砖，模制，正方形，边长 32 厘米，厚 4.9 厘米。砖面正中线刻一四出正方形，四角向地章处延伸出尖，连到地砖四个角。地砖面施三彩釉，正中四出正方形施绿釉居多，局部施茶色釉，四出正方形外四边均褐釉，局部有茶色釉。

国家二级文物，现收藏于通江县红四方面军总指挥部旧址纪念馆。

宋三彩釉陶佛头

泥质红陶，高 10.3 厘米，直径 6.2 厘米。中空，螺发高髻，面形长方，端正俊秀，大耳，眉如弯月，双目微俯，鼻梁尖而挺，神态祥和，耳孔、鼻孔、鼻沟较深，颈下有一圆孔与头顶相连，通体施褐色釉，大部分剥落。

国家二级文物，现收藏于通江县红四方面军总指挥部旧址纪念馆。

● 宋三彩釉陶佛头

明二龙戏珠谷仓罐

高 24.5 厘米，腹围 15 厘米，口径 7.4 厘米，底径 7.7 厘米，重 380 克，罐盖呈塔，攒尖顶。罐身敛口，斜肩，鼓腹下收至底，堆贴二龙戏珠图案，并有"五谷仓"和"仁王六谷仓"文字，肩至底部有弧纹，盖及罐耳身大部分施黑釉。此罐具有一定的研究价值。

国家二级文物，现收藏于平昌县文保中心。

明二龙戏珠谷仓罐

清黑釉瓷瓶

　　质地瓷，清代早期烧制，高29.5厘米，口径9.4厘米，底径9.6厘米。敞口，卷沿，圆唇，束颈，溜肩，下腹内收至底外撇，圈足。器内壁及外底施青白釉，外壁素面无纹，通体施黑釉，圈足露胎，器底有"大清康熙年制"青花六字两行双圈楷书款。该瓶釉色漆黑，光亮如镜。

　　国家二级文物，现收藏于通江县红四方面军总指挥部旧址纪念馆。

● 汉折枝石榴纹铜镜

第2节 金银铜铁器

汉折枝石榴纹铜镜

质地铜，圆形，直径14厘米，厚0.2厘米，重280克。镜背正中为有孔的圆形纽柄，内区为略凸的大小圆环，双环被细线纹分割为八格，外区为折枝石榴纹饰，平边，镜面平滑。

1992年被四川省文物巡回鉴定组鉴定为国家二级文物，现收藏于南江县博物馆。

汉蟠螭纹铜镜

质地铜，圆形，直径13.5厘米，厚0.2厘米，重215克。镜背正中为有孔的圆形纽柄，内区为略凸的大小圆环，双环被细线纹分割为八格，外区为折枝石榴纹饰，平边，镜面平滑，外沿有一小缺口。

1984 年被四川省文物局高文等专家定为国家二级文物，现收藏于南江县博物馆。

汉盐场铜模

质地铜，长方形，高 3.5 厘米，长 6.5 厘米，宽 4.9 厘米。模铸，下有薄平底座，座上的一边铸有二人，左边一人头戴冠帽，似一男子，手持绞盘在盐田里抽盐水，盐田的左边有两只盛盐水的桶，盐田右边有一高架，绞盘系镂空；右边一人头梳发髻，似一妇人，在灶前熬煮盐，双手持棒在锅里搅拌，灶呈圆形，灶前有柴火，灶上有撑架，座的另一边铸有三垛麻绳，呈木桩状。盐模工艺虽不算精致，但构图巧妙、生动。

国家二级文物，现收藏于通江县红四方面军总指挥部旧址纪念馆。

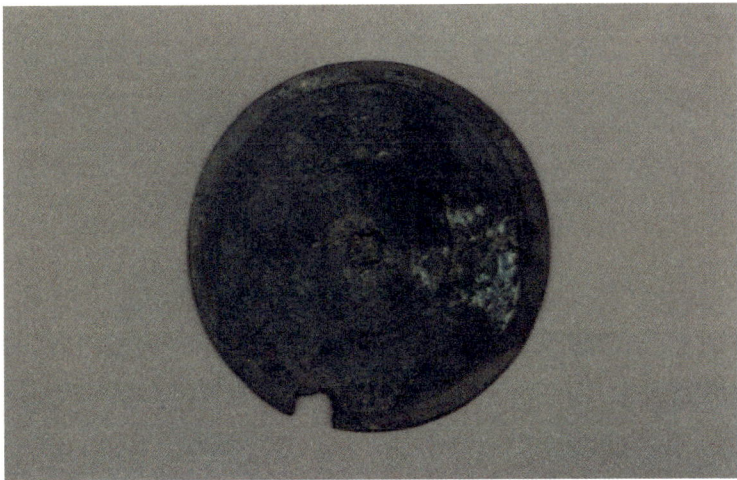

● 汉蟠螭纹铜镜

汉盐场铜模

汉青铜弩机

唐四神兽铜镜

汉青铜弩机

质地铜，汉代兵器，素面无纹，通高 8.5 厘米，长 11.5 厘米，宽 2.5 厘米。弩机主要由钩弦的"牙"、牙上的瞄准器"望山"、牙下的扳机"悬刀"、用穿轴固定于机身的"郭"等部件构成。郭面后宽前窄，呈凸字形，箭槽两侧各有一小槽，郭身前后有一个蘑菇形和一个六边形穿钉固定。牙长 2.6 厘米，悬刀长 8 厘米，望山长 5.8 厘米。弩机的特点是比弓箭射程更远、更准，杀伤力更大，既能强攻，又利守卫。因此弩机在汉代兵器中具有很重要的地位。

国家二级文物，现收藏于通江县红四方面军总指挥部旧址纪念馆。

唐四神兽铜镜

质地铜，直径 9.5 厘米，厚 0.7 厘米，重 0.37 千克，征集而来。镜为正圆形，正面平滑光亮，镜背中心有一圆纽。高浮雕的表现形式使得纹饰高低错落，极富立体感，具有强烈的艺术感染力。内区分别为马、凤凰、狮子、鸟四种动物，动物间有简单的植物纹饰。外区饰等距云纹一周。

狮子在中亚、西亚文化中是权威与神力的象征。汉代张骞通西域之后，由丝绸之路传入我国。瑞兽铜镜是中国唐代最具代表性的铜镜，流行于唐高宗时期，以武则天时期最为盛行，是中国铜镜艺术的巅峰之作。四神兽铜镜是中西文化交流与融合的杰作，铸镜师采用高浮雕的技法，巧妙地将来自西域的动物形象与中国传统的瑞兽纹饰相结合，镌铸于铜镜之上，展现了高超的铸造技艺，充分体现出兼收并蓄、创造革新的盛唐气象，堪称"凝聚欧亚大陆文明之镜"。

国家二级文物，现收藏于巴州区历史文化博物馆。

147

唐双凤蝶花铜镜

质地青铜，模铸，呈葵花形，直径 14 厘米，厚 0.5 厘米。圆纽，镜身平直，边缘凸起，镜面光亮可以照容。镜背主题纹饰是两只凤鸟左右相对，挟纽而立，展翅翘尾，脚踏绶带。纽上下各配置一折枝花卉，纽下花卉上停有一只蝴蝶。边缘配置流云纹。此镜工艺精细，形状美观，图纹华丽。

国家二级文物，现收藏于通江县红四方面军总指挥部旧址纪念馆。

宋牧牛童子铜灯

质地铜，长 9.2 厘米，宽 6 厘米，高 9.5 厘米，重 0.34 千克，1989 年 3 月巴中县医院住院部窖藏出土。牛站立，双目圆睁，犄角如月，体态雄硕，背脊坐一吹笛牧童，姿态悠然。牧童骑牛是对喧嚣之外安然自乐的生活状态的描述，象征着春天来临，生机盎然，充满希望，寓意大获丰收、五谷丰登、风调雨顺。管孔从牛腹经牧童腹至牧童头顶。铜灯设计巧妙，造型逼真。

宋代是我国古代农耕文明的鼎盛时期，牛作为农耕社会的重要劳力，骑牛童子成为艺术家喜爱创作的题材。富有诗情画意、恬静娴雅的田园气息，正是宋代经济繁荣、农业发达的诗意化传达。

国家二级文物，现收藏于巴州区历史文化博物馆。

宋双龙铜架

质地铜，长 18.5 厘米，宽 3 厘米，高 7 厘米，重 0.311 千克。二龙身体缠绕，龙头回首相对，二目圆睁，遍体鳞甲，足三趾。

国家二级文物，现收藏于巴州区历史文化博物馆。

唐双凤蝶花铜镜

宋牧牛童子铜灯

宋双龙铜架

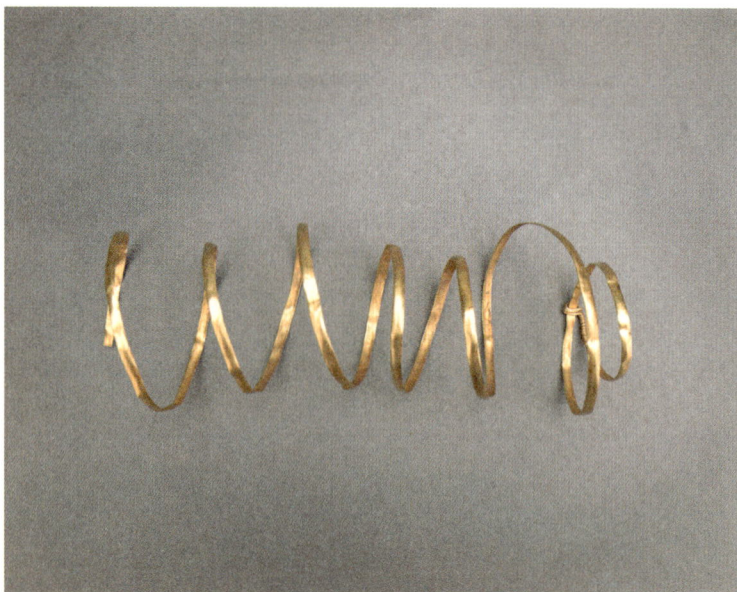

● 宋金臂钏

宋金臂钏

宋代，长 180 厘米，圈径 7.5 厘米，宽 0.6 厘米，厚 0.06 厘米，重 0.096 千克。主要采用铸造、锤揲、花丝等工艺技法制成。

钏体为薄扁形，制作时先把浇铸而成的金条捶打成弧形扁片，再盘绕旋转成螺旋式的弹簧状，共九个相连的圆圈组成一器，可自由伸缩。首尾两圈的端处逐渐变细，用花丝工艺缠细金丝形成间距均匀紧密的丝纹，并以金丝分别折回缠绕固定在下一个环圈上，各分两处，每处三道，接口处能左右滑动，根据手臂的粗细调节开口大小和松紧。金钏一般为女士装饰手臂之用，因体量大，加之为黄金所制，不是一般人家女子能佩戴的。该金钏每只均能绕手臂十圈，较为珍贵。

国家二级文物，现收藏于巴州区历史文化博物馆。

宋卧牛座龙凤铜镜

质地铜，纵 23 厘米，横 10 厘米，高 33 厘米，重 7.72 千克，此镜与铜牛座配套，可分离。镜的边缘呈凹形，中部有手顶纽，纽中有文字"渝州薛文甫造"。镜中图案为左龙右凤及云纹、花卉纹。铜牛座的背脊两边，有云纹图案，头部向右昂扬张口，四腿及两角略残。此铜镜具有一定的研究价值。

● 宋卧牛座龙凤铜镜

● 明"喜生贵子"铜镜

国家二级文物，现收藏于平昌县文保中心。

明"喜生贵子"铜镜

质地铜，直径 34.8 厘米，厚 1.3 厘米，重 4.05 千克。1987
年巴中县茶坝征集。纽座为圆形，座上饰变异四神浮雕图案，内
区有"喜生贵子"铭文，四字间饰有玄武图，外饰弦纹一周。

国家二级文物，现收藏于巴州区历史文化博物馆。

明四耳束腰铜鼓

质地铜，高 48 厘米，腹围 147 厘米，口径 50 厘米，底径 50 厘米，重 17 千克，鼓面中心为太阳图案，有 11 道圈纹，两耳（一耳残），鼓身部呈鼓腹状，并饰一周如意纹，中部束腰，并有一道凸出的圈纹和数道弦纹，鼓底边缘一周有蕉叶纹。此鼓具有一定的研究价值。

国家二级文物，现收藏于平昌县文保中心。

清仿明瑞兽瓜棱形铜镜熏炉

1989 年在南江县关门乡征集。兽纽瓜棱腹三足形制，由炉

明四耳束腰铜鼓

盖和炉身两部分组成。高 33.5 厘米，口径 13.5 厘米，腹径 17 厘米，重 3870 克。盖上立瑞兽，立耳平口、兽口及腹中空通于炉内，瓜棱形炉身，三足均有圆柱形深浮雕凤头紧托炉体。炉底阳刻"大明宣德年制"竖行两排楷书。

1992 年被四川省文物巡回鉴定组鉴定为国家二级文物，现收藏于南江县博物馆。

清银牙饰组件

纵 52 厘米，重 52 克。从上至下共分三级，第一级挂钩、银

清仿明瑞兽瓜棱形铜镜熏炉

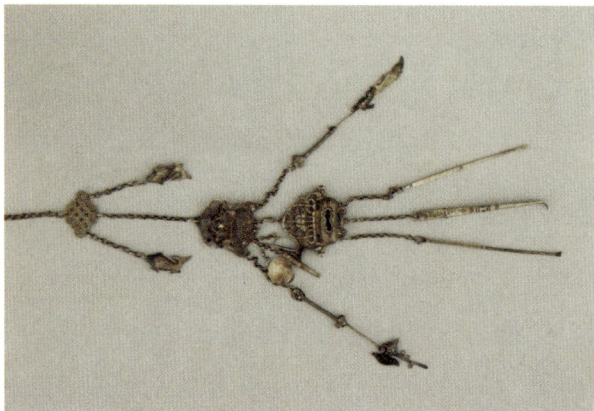

清银牙饰组件

链下挂中国结，左右各悬挂一条鲤鱼。第二级银链下挂如意提手菊花花篮，花篮下分别悬挂斧头、小号、军帽、偃月刀等饰物。第三级为如意提手花篮，花篮中部饰镂空云纹，下悬挂牙签、挖耳勺、眉夹等银饰。

1992年被四川省文物巡回鉴定组鉴定为国家二级文物，现收藏于南江县博物馆。

地瓜手榴弹

质地铜，呈地瓜状。圆顶，细长颈，斜肩，鼓腹，平底。高11.5厘米，腹径6.5厘米，重950克。平底处安装拉线阀门，拉线手柄呈伞状。弹体四周饰菱形几何纹，体周均等四部分，饰一小圆圈，圈内铸有阴刻"消灭刘湘"四个楷体文字。

1992年四川省文物巡回鉴定组鉴定为国家二级文物，现收藏于南江县博物馆。

1933年川陕苏区红军造"消灭刘湘"手榴弹

质地铜，高10厘米，腹径6.6厘米。"消灭刘湘"手榴弹，又称地瓜手榴弹，形似地瓜，合范铸造，由两半构成。弹体上小下大，上部顶端呈小圆弧形，束颈，弹壳外部铸有数条交叉斜向凹槽，把弹壳表面分为若干个菱形小块，腹部一周铸四个直径分别为2.1厘米、2.6厘米、2.4厘米、2.5厘米的实心圆，并在圆内铸"消灭刘湘"四个阴文楷书字，一个圆内铸一字。弹体底部有引信装置，现已残缺。

国家二级文物，现收藏于通江县红四方面军总指挥部旧址纪念馆。

● 1933 年川陕苏区红军造 "消灭刘湘" 手榴弹

1933年川陕苏区红军造"赤化全川消灭刘湘"手榴弹

质地铜，高9.4厘米，腹径6.5厘米。"赤化全川消灭刘湘"手榴弹，又称地瓜手榴弹，形似地瓜，合范铸造，由两半构成。弹体上小下大，上部顶端呈小圆弧形，束颈，弹壳外部饰方格纹，腹部两边倒铸阴文楷书，一边铸"消灭刘湘"四字，另一边铸"赤化全川"四字，分别铸在方格内，一格一字。弹体底部有较为细长的引信装置，现已残缺。

国家二级文物，现收藏于通江县红四方面军总指挥部旧址纪念馆。

1934年川陕苏区"消灭刘湘赤化全川"地瓜手榴弹

通江罗坪红军兵工厂生产，直径6.3厘米，高8.8厘米，重540克，弹体近似地瓜，故名。纵向有一条对称的浇铸缝，弹面

● 1933年川陕苏区红军造"赤化全川消灭刘湘"手榴弹

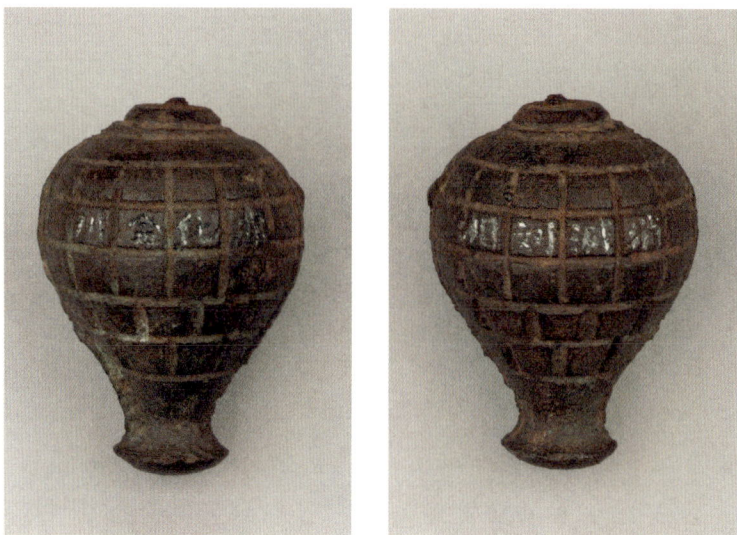

● 1934 年川陕苏区"消灭刘湘赤化全川"地瓜手榴弹

由 14 条经线和 6 条纬线将表面分割为 54 个方块，在鼓腹部正背两面均铸有阴文铭文，内容为"消灭刘湘赤化全川"。该文物反映了苏区军民对刘湘等军阀的痛恨，以及"赤化全川"的信心。

国家二级文物，现收藏于川陕革命根据地博物馆。

1946 年叶挺乘坐的飞机失事残片制作的口盅

该口盅系圆形，口径 10.8 厘米，高 10.8 厘米。无盅盖，有手把，结构完整。口盅内外表层色泽陈旧，系灰色，纯金属（合金制作），盅子底部边缘及接头处全用铆钉紧固，完好不漏水，外表没有其他特征。这个口盅是红军夫妇钟永福、苟秀英利用飞机的残片自制成的。

经中国共产党多次与国民党交涉营救，叶挺将军终于在 1946 年 3 月获释。4 月 8 日从重庆返回延安的途中，飞机在山西兴县黑茶山失事坠毁。当时在陕北兵工厂工作的钟永福等赴现场调查，从地上捡回飞机残片。后来，为了怀念叶挺将军，他们利用捡回的残片加工成这个口盅。在制作时，因这种合金材料不能焊接，底部和盅把只能用铆钉铆，底部周围密密的圆点，即是铆钉的铆头。他们一直保存着这个口盅。

2003 年 8 月老红军苟秀英将口盅捐赠给将帅碑林纪念馆。2011 年 7 月 5 日，国家文物鉴定委员会专家肖贵洞、赵永芳、史占扬、苏欣鉴定，认为该口盅具有重要价值，确认为国家二级文物，现收藏于川陕革命根据地博物馆。

● 1946 年叶挺乘坐的飞机失事残片制作的口盅

第 **3** 节

水晶玉器

清镀金嵌水晶石带钩

椭圆形，高9厘米，宽6.5厘米，厚2厘米，重140克。镀金铜扣内嵌水晶，扣边镶小水晶。背后施桥形带孔，扣环整体镀金并相连。

1992年四川省文物巡回鉴定组鉴定为国家二级文物，现收藏于南江县博物馆。

清翡翠镂空虎首万字格纹字母玉带钩

长条形，横宽15厘米，高6厘米，

厚 2.5 厘米，重 180 克。由带扣、带榫组成，略呈弧形，四周镂空雕回形纹。子扣一端圆雕兽头，另一端中部浅浮雕寿字，寿字两侧浅浮雕如意纹饰。母扣两端均为长方形铆孔，中部浅浮雕福字，福字两侧浅浮雕如意纹饰。子母扣背部各有桥形带孔。

　　1992 年被四川省文物巡回鉴定组鉴定为国家二级文物，现收藏于南江县博物馆。

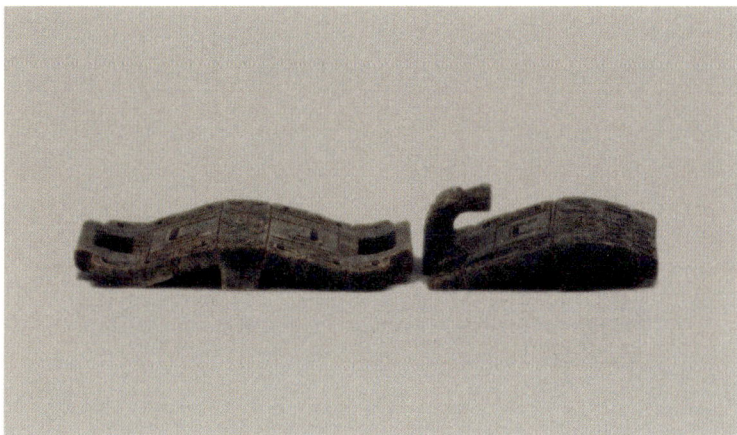

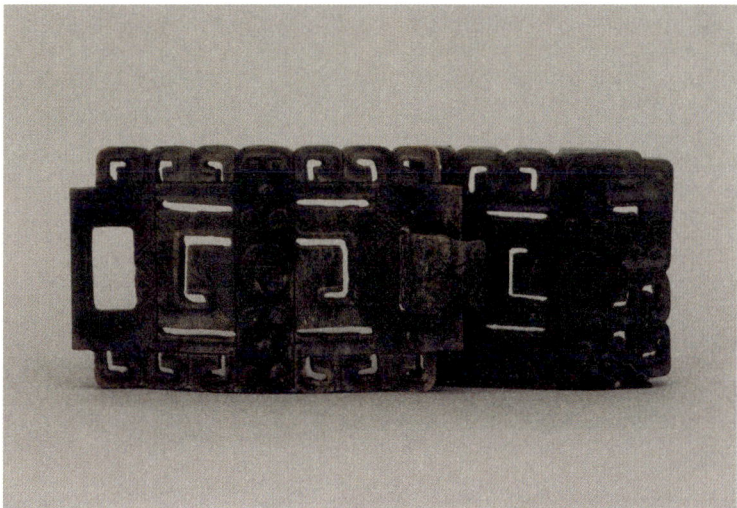

● 清翡翠镂空虎首万字格纹字母玉带钩

清圆雕龙纹翡翠带扣

弧形，横宽 16 厘米，高 3.5 厘米，厚 3.5 厘米，重 250 克。带扣上部为圆雕螭龙，龙首昂起，龙尾卷曲，四周浅浮雕云纹。底部施圆形扣纽及凹形系带口。

1992 年被四川省文物巡回鉴定组鉴定为国家二级文物，现收藏于南江县博物馆。

● 清圆雕龙纹翡翠带扣

● 明金玉满堂长命富贵压胜金钱

钱币

明金玉满堂长命富贵压胜金钱

质地黄金，含金量87%，方穿圆钱，直径 2.3 厘米，厚 0.1 厘米，重 2.5 克。手工制作，工艺粗糙，正背面无内外廓，无正背面之分。穿孔边呈内弧形，穿孔四角阴刻三条直线与钱边缘相连，分币面为四等份，在每一等份内刻一字。一面刻"金玉满堂"四字，另一面刻"长命富贵"四字，直读，均为阴刻楷书。

国家二级文物，现收藏于通江县红四方面军总指挥部旧址纪念馆。

清光绪安徽裕皖官钱局壹千文纸币

长 20 厘米，宽 11 厘米，重 1.9 克，纸币为白色道林纸，竖长方形，彩色石印。正面边框由黄色双细线和花纹图案组成，四周有四龙戏珠、祥云、大海图案。正中有竖排阴文篆字"安徽官钱局"，上压竖排楷字"凭票发铜元足钱壹千文"。上方有两横排右读楷书"安徽裕皖官钱局"，其两排字正中盖有朱文楷体右读"驻毫"。右边两竖排排列楷书"此票准完纳本省丁漕及关税盐课厘金""衣字第伍百肆号"。左边两竖排排列楷书"如有私刻假票者照私铸例治罪""光绪年月日"。左下方有朱文长方形楷体印章"官钱局"。

国家二级文物，现收藏于川陕革命根据地博物馆。

1933 年川陕省苏维埃政府工农银行叁串布币

叁串布币，中华苏维埃共和国时期使用，重 2.1 克。

1933 年 2 月，红四方面军在四川通江建立川陕省苏维埃政府，同月设立省苏维埃工农银行，总经理部部长郑义斋兼任行长，同时在苦草坝设立石印局。该布币票面纵 160 毫米，横 85 毫米，直式，黑色油墨石印。正面四周围以细线，上端书"全世界无产阶级联合起来"十一字，其下为"川陕省苏维埃政府"八字和"工农银行"四字，中间有一颗单线连成的大五角星，星中一拳头，星外有交叉的镰刀、锤头、刀尖，锤头向上，围绕五角星。五角星下面，从右至左横书"叁串"二字，下端为"一九三三年"五字。整个票面的底纹为两行阴文美术字"增加工农生产"和"发展社会经济"。中间印一大齿轮，中间有空心阿拉伯数字"3"字样，齿轮上盖有"川陕省工农银行印"的正方形篆体朱章。

国家二级文物，现收藏于巴州区历史文化博物馆。

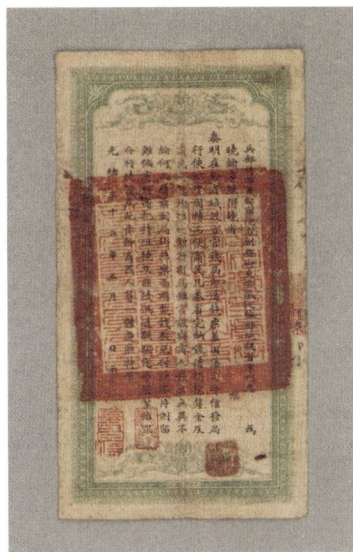

● 清光绪安徽裕皖官钱局壹千文纸币

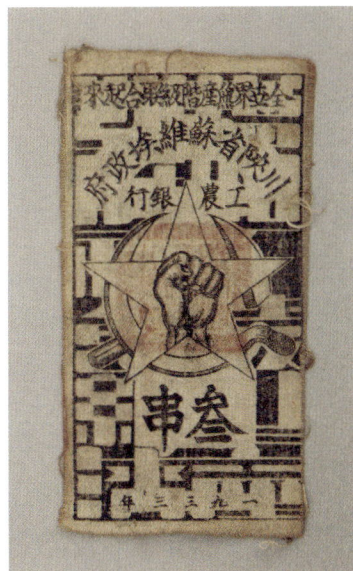

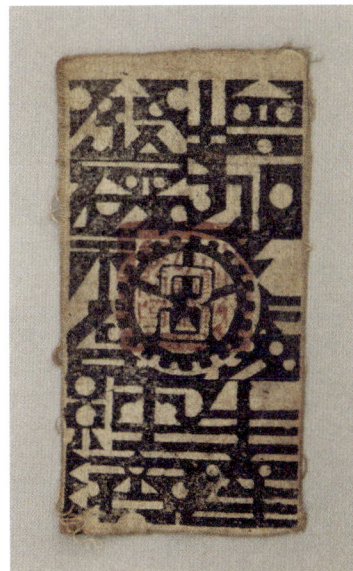

● 1933年川陕省苏维埃政府工农银行叁串布币

中华苏维埃共和国（1933）川陕省苏维埃政府工农银行壹串纸币

壹串纸币，中华苏维埃共和国时期使用，重 1.2 克。该币长 12.5 厘米，宽 8.5 厘米，面额为"壹串"，横式。纸币正面白底蓝色，正中椭圆形框内为列宁半身像，左右对称的红色五角星格外醒目，右星上印"壹"字，左星上印"串"字，上方为"川陕省

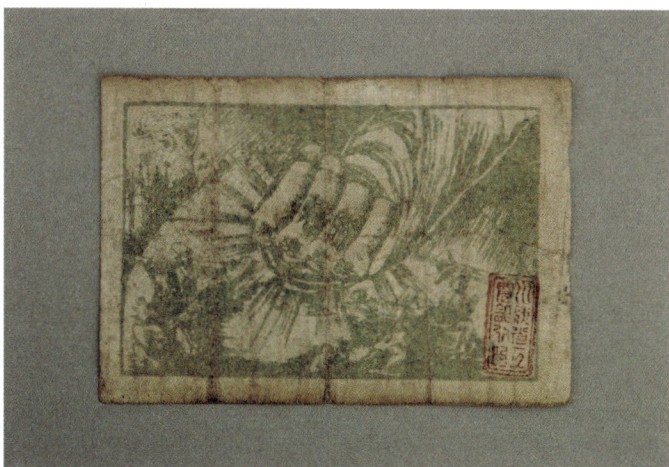

苏维埃政府工农银行"行名，下方为"中华苏维埃共和国三年"年号。左右折叠的飘带上有"发展社会经济""增加工农利益"字样，这一简单明了的宣传语，充分体现了川陕省苏维埃政府工农银行的服务宗旨。纸币背面为白底绿色，其主题图案运用了广大工农群众喜闻乐见的漫画表现手法，正中绘有自右向下猛击的硕大拳头，拳头所击的是一个大地球，地球上有几个狼狈不堪的历史反动小丑。地球左上角是一幅印有镰刀锤子、飘扬舞动的红军军旗和工厂图案，以此来激发广大工农群众跟定共产党、砸碎旧世界、翻身求解放的革命热情。右下角盖有长 25 毫米、宽 12 毫米的长方形图章，章上红色篆字为"川陕省工农银行印"。

国家二级文物，现收藏于巴州区历史文化博物馆。

1933 年川陕苏区叁串布币

长 15.8 厘米，宽 8 厘米，重 1.7 克，立式版面，石印。正、背面均以美术体"增加工农生产，发展社会经济"为衬底图案。币面上方印有"全世界无产阶级联合起来，川陕省苏维埃政府工农银行"字样。中心图案由党徽、五角星、拳头组成，下方为面值"叁串"，底部印有"一九三三年"。币背面图案为圆形齿轮，"3"居齿轮正中并钤有"川陕省工农银行"红色篆书方形印章。

该文物是川陕苏区发展金融事业的历史见证，充分反映了川陕苏区时期金融事业发展、货币发行的面貌，在中国革命根据地金融货币史上占有非常重要的地位。

国家二级文物，现收藏于川陕革命根据地博物馆。

1933 年川陕苏区贰串布币

长 15.5 厘米，宽 8.5 厘米，重 2.9 克，立式版面，石印。正、

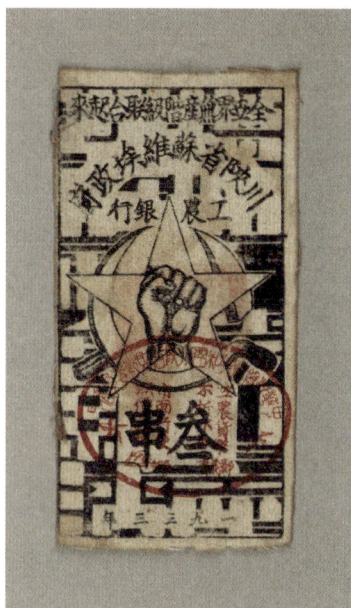

● 1933 年川陕苏区叁串布币

● 1933 年川陕苏区贰串布币

背面均以美术体"增加工农生产，发展社会经济"为衬底图案。币面上方印有"全世界无产阶级联合起来，川陕省苏维埃政府工农银行"字样。中心图案由党徽、五角星、拳头组成，下方为面值"贰串"，底部印有"一九三三年"。币背面图案为圆形齿轮，"2"居齿轮正中并钤有"川陕省工农银行"红色篆书方形印章。

该文物是川陕苏区发展金融事业的历史见证，充分反映了川陕苏区时期金融事业发展、货币发行的面貌，在中国革命根据地的金融货币史上占有非常重要的地位。

国家二级文物，现收藏于川陕革命根据地博物馆。

川陕省苏维埃工农银行银币（壹圆）

直径 3.85 厘米，厚 0.25 厘米，重 24.6 克。银币正面上镌"中华苏维埃共和国"八字，中间镌"壹圆"二字，两旁为正五角星，下镌"川陕省造币厂造"七字。反面上镌"全世界无产阶级联合起来"十一字，中间镌镰刀、锤子图案于地球之上，两旁为梅花，下镌"一九三四年"五字。

1992 年被四川省文物巡回鉴定组鉴定为国家二级文物，现收藏于南江县博物馆。

● 川陕省苏维埃工农银行银币（壹圆）

1933年川陕省苏维埃政府工农银行发行贰串布币

竖长方形，细白布，纵15.8厘米，横8.6厘米，重2克。石印，双面黑色图案及文字。币面正中，镰刀斧头交叉，口尖向上，空五星压镰刀斧头面上，五星中一拳头。星上自右至左弧形排列"川陕省苏维埃政府"八字，其下"工农银行"四字，上端自右至左"全世界无产阶级联合起来"十一字，五星下是"贰串"两个大字，最下横排"一九三三年"五字。背面底层是两竖行"增加工农生产，发展社会经济"十二个美术字。币面正中是一齿轮，齿轮中一"2"字，并盖有正方形篆字体朱文印章"川陕省工农银行印"。

国家二级文物，现收藏于通江县红四方面军总指挥部旧址纪念馆。

1933年中华苏维埃共和国"每贰拾枚当国币壹圆"五分铜币

直径2.7厘米，厚0.15厘米，重7克。红铜质，圆板无穿，机铸，边道和边沿均有齿边。正面中间横铸面额"五分"二字，系楷书阳文，两边稻穗簇拥，下部稻秆交接处有一蝴蝶结，最上端铸一五角星。背面中心珠圈内铸一地图，地图上铸一实心镰刀斧头图案。外围上铸"中华苏维埃共和国"八字，下铸"每贰拾枚当国币壹圆"九字。上下两字之间左右对称各铸一实心小五星。

国家二级文物，现收藏于通江县红四方面军总指挥部旧址纪念馆。

1933年川陕省苏维埃政府工农银行发行壹串纸币

横长方形，白色道林纸，纵8.2厘米，横12.8厘米，重1.2

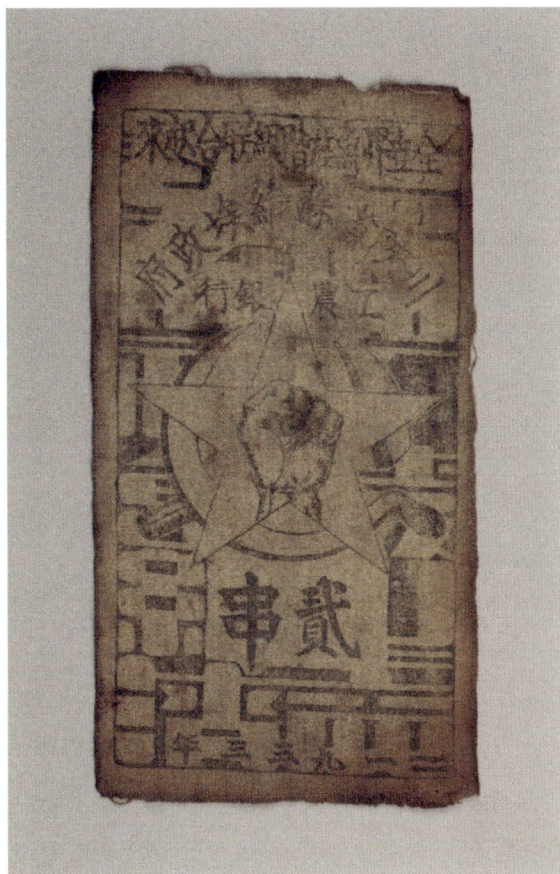

● 1933 年川陕省苏维埃政府工农银行发行贰串布币

● 1933 年中华苏维埃共和国"每贰拾枚当国币壹圆"五分铜币

● 1933 年川陕省苏维埃政府工农银行发行壹串纸币

克。石印。正面白底，字及图案均为蓝色，四边均有花纹，币
面正中椭圆形内是列宁半身像，列宁像左右两边各有一个红色
五星，右星上压"壹"字，左星上压"串"字，都在白色长方形
框内，框周围有飘带折叠弧形围绕，上飘带有"川陕省苏维埃政
府"八字，其下是"工农银行"四字，下飘带自右至左为"THE
BANK OF SOVIET"几个英文，其下是"中华苏维埃共和国三
年"十字。右飘带上是"增加工农利益"，左飘带上是"发展社
会经济"，四角小圆圈内各有一个"壹"字。背面白底，字及图
案均为绿色，币面正中一大拳头，下有反动人物四散逃跑，象征
砸碎旧世界，左上角一面党旗飘扬在城市上空，右下角盖有长方
形篆字体朱文印章"川陕省工农银行印"。

国家二级文物，现收藏于通江县红四方面军总指挥部旧址纪
念馆。

1933 年川陕苏区三串纸币（残）

造于 1933 年，纵 15.5 厘米，横 7.5 厘米，质量 2 克。正面，上部有"中华苏维埃共和国川陕省"文字，其下为五角星图案，中部为两匹骏马图案和"土地归农民，政权归苏维埃"文字，下部有"三串"面值、印章及其他文字。背面，上部有弧排"全世界无产阶级联合起来"，其下为斧头镰刀图案，中部为列宁肖像，下部有"坚决保卫苏区"和阿拉伯数字。此纸币具有一定的研究价值。

国家二级文物，现收藏于平昌县文保中心。

1934 年川陕苏区 500 文铜币

500 文铜币，中华苏维埃共和国时期铸造，重 1.2 克。直径 3.5 厘米，边厚 0.15 厘米，重量 11.6 克。1933 年 10 月，宣达战役打响，红军部队解放了宣汉、达县、万源三县，缴获了军阀刘

● 1933 年川陕苏区三串纸币（残）

存厚一套较新的铸币机器，川陕革命根据地的红军凭此正式建立了自己的造币厂，开始大量铸造镌有"赤化全川"口号的200文铜币，1934年开始铸造500文大型铜圆。川陕省苏维埃政府1934年所铸行的500文铜币，币面中心铸有一个大的五角星，五角星中央，星上叠铸镰刀、锤头图案（中国共产党党旗图案），五角星下两边叠铸嘉禾各一束；上缘铸有"全世界无产阶级联合起来"（自右向左旋读）字样，字头字尾各铸有一颗实五星分布左右；下缘上方居中铸有纪年"一九三四年"，此币背面中心圆内纪值为"500"，圆下方居中横排"五百文"（自右至左）；此币币值既用阿拉伯数字标识，又用汉字标识，便于流通，当年在川陕苏区，不识字者也能识得此币为500文。

国家二级文物，现收藏于巴州区历史文化博物馆。

1934 年中华苏维埃共和国川陕省叁串纸币

叁串纸币，中华苏维埃共和国时期货币，重1.2克。该币直式，纵15厘米，横7.5厘米，正面用黄色和蓝色双线框出，外沿两侧0.7厘米，上下0.4厘米宽，四角印"三"字。纸币上部，正中为实心五角星，五角星上部弧形印"中华苏维埃共和国川陕省"，五角星下部横排"工农银行"四字；正中并列三马，两侧蓝色，中间黄色，下横排三幅红色标语："土地归农民所有""政权归苏维埃""八小时工作"；纸币下部正中为双红线套黄色竖印"三串"二字，两侧各有一方形篆体印，红色，大小相同，边长1.8厘米，底部为英语"The Worker and Peasant's Bank"，英文下部印红色号码"19—34"，字体较小，正面其余部分为浅黄色花纹。背面：蓝色框边，大小同正面，上部正中为镰刀斧头图案，刀把及斧柄蓝色，其余浅黄，图案上部弧形印蓝色标语"全

● 1934 年川陕苏区 500 文铜币

● 1934 年中华苏维埃共和国川陕省叁串纸币

世界无产阶级联合起来"，正中为列宁半身像，头部蓝色，其余黑色，下部横排蓝色标语"坚决保卫赤区"，标语下标红色数字"006415"。文字均从左至右排列，背面其余部分印土黄色镰刀斧头图案，颜色较淡。

国家二级文物，现收藏于巴州区历史文化博物馆。

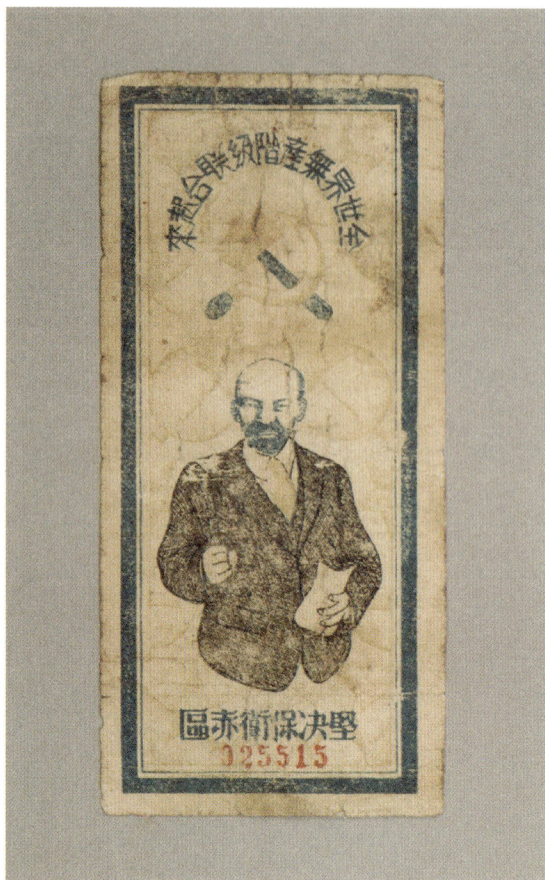

● 1934 年川陕省苏维埃政府工农银行发行叁串纸币

● 1934 年川陕省造币厂造壹圆银币

1934 年川陕省苏维埃政府工农银行发行叁串纸币

竖长方形，白色道林纸，彩色石印。纵 15.4 厘米，横 7.4 厘米，重 1.1 克。正面四边印有橄榄绿色粗外边框一道及蓝色细内边框两道，框内有橄榄绿"工农银行"四字连成的底图。边框的四角有红套蓝色立体阿拉伯"3"字。币面正中有三匹骏马：中间马是红色，马上橄榄绿战士右手高举红旗；左边马是蓝色，马上橄榄绿战士右手举步枪；右边马是蓝色，马上橄榄绿战士左手高举红缨枪。红旗上端是一红五星，星面自右至左排列"工农银行"四字，五星上端自右至左弧形排列红色"中华苏维埃共和国川陕省"十一字。骏马下横排三行红色标语"土地归农民""政权归苏维埃""八小时工作"。标语下正中为橄榄绿面额"三串"二字，用红细线勾边。"三串"左右两侧各有一方形篆字体朱文印章，左为"工农银行"，右为"义斋"。其下有英文"The Worker and Peasant's Bank"。最下边正中是"1934"。背面有粗细蓝色边框各一道，框内底层有若干褐色的镰刀、斧头、五星组成的底图。币面上部是自右至左弧形排列的蓝色"全世界无产阶级联合起来"十一字，其下是褐色的镰刀斧头图案，把均为蓝色，再下是列宁穿黑色西服半身像，左手拿讲稿，右手握拳头，做演讲状。列宁像下面自右至左横排蓝色"坚决保卫赤区"六字，下边是红色编号"025515"。

国家二级文物，现收藏于通江县红四方面军总指挥部旧址纪念馆。

1934 年川陕省造币厂造壹圆银币

银质，圆板无穿，直径 3.9 厘米，厚 0.2 厘米，重 25.6 克。机铸，边道和边沿均有齿纹。正面珠圈内有竖写"壹圆"二字，外围上铸"中华苏维埃共和国"八字，下铸"川陕省造币厂造"七字，外围上下两字之间左右对称各铸一大五角星。背面中心铸地球、剖面型镰刀、斧头图案，镰刀斧头压在地球面上。外围上铸"全世界无产阶级联合起来"十一字，下铸"一九三四年"字样，上下两字之间左右对称各铸一四瓣小花。整个币面文字均系阳文楷书。

国家二级文物，现收藏于通江县红四方面军总指挥部旧址纪念馆。

李渔草书轴

清代书法，全幅纵 245 厘米、横 39 厘米，画心纵 132 厘米、横 27 厘米，重 0.3951 千克。

李渔（1611—1680），号笠翁，金华兰溪人，明末清初文学家、戏剧家、戏剧理论家、美学家。他自幼聪颖，擅长古文词。入清后，无意仕进，从事著述和指导戏剧演出。他创立了较为完善的戏剧理论体系，成为休闲文化的倡导者。其戏曲论著《闲情偶寄》，以结构、词采、音律、宾白、科诨、格局六方面论戏曲文学，以选剧、变调、授曲、教白、脱套五方面论戏曲表演，对中国古代戏曲理论有较大的丰富和发展。

国家二级文物，现收藏于巴州区历史文化博物馆。

万历甲午年石买地券

明代文物，长 42.5 厘米，宽 43 厘米，厚 8 厘米，重 35 千克。

第5节 书法文献

● 万历甲午年石买地券

　　买地券是一种象征性的证券，放在墓内，意在保证死者对墓地的所有权不可侵犯。买地券源于西汉，盛于东汉，唐宋以降传布于大江南北。买地券最初只是死者领有阴间土地的凭据，券文刻写或笔写于砖、铁板、铅板、石板等硬化的物品上，以便墓中久存。

　　国家二级文物，现收藏于巴州区历史文化博物馆。

"奉天诰命"圣旨

　　清代文物，纵 33 厘米，横 270 厘米，重 0.2386 千克。圣旨是古代帝王所专予特发的宫廷文书。清代诰命圣旨是皇帝封赠时所用的诏令文书，它既是帝王荣宠臣下的象征，又是受封人员显赫身份与地位的凭证。清代诰命圣旨有三色、五色、七色之分，颜色越丰富，说明受封官员官衔越高。该圣旨为顺治圣旨，五色，采用满汉文对照的方式书写。汉文小楷书写，端庄秀丽，气度雍容，

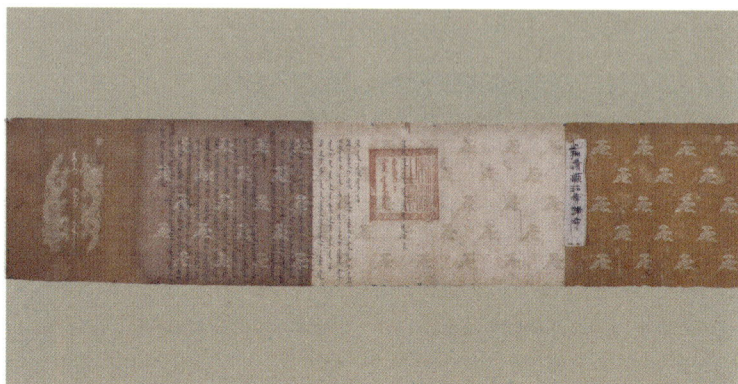

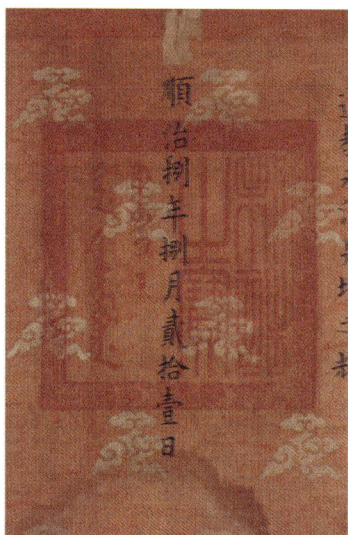

● "奉天诰命"圣旨

圆润飘逸，行文精悍简洁，甚是精美，彰显出皇家的高贵气质。

国家二级文物，现收藏于巴州区历史文化博物馆。

清道光二十八年"一家牌"（残）

清代文物，严重残缺，长 39 厘米，宽 26 厘米，重 1.4 克。从残存的文字"留逃犯盗贼、面生可疑之人，九家连坐决不宽，户内有增减人口及出外未归，甲长以便注册按月禀官勿得遗漏"来看，该物类似于现在的治安公告。清朝有着严密的户口编制制度，地方上一律实行保甲制，十户为一牌，十牌为一甲，十甲为一保。每户都要挂"一家牌"，上面写着家长姓名、职业、丁男数目。每十家要挂"十家牌"，上面写着十家户主姓名、人口情况和大家共同守法的公约，牌上还写着"一家犯法，十家连坐"

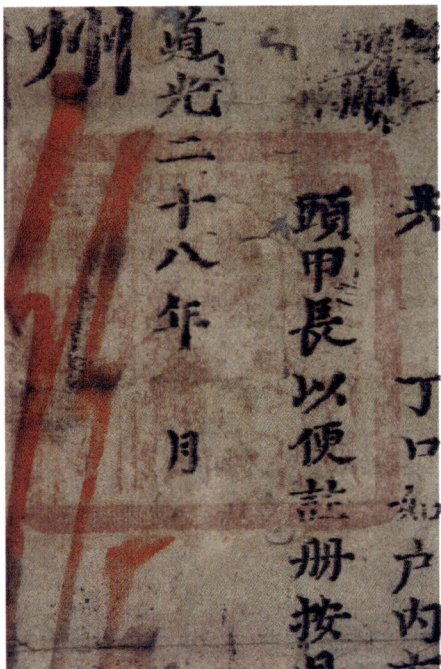

清道光二十八年"一家牌"（残）

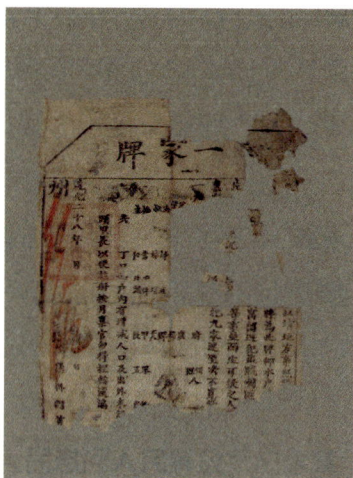

● 清道光二十八年"一家牌"（残）

八个大字。

国家二级文物，现收藏于巴州区历史文化博物馆。

1934 年川陕苏区西北革命军事委员会军区政治部印发的《宣布刘湘等军阀十大罪状》文本

长 93 厘米，宽 47 厘米，重 23.49 克；生二元纸，长方形，木刻油印，竖排版，共 49 行，楷体。标题两行为"中华苏维埃中央政府西北革命军事委员会军区政治部布告第号""为宣布刘湘等军阀十大罪状事"。落款为：中华苏维埃共和国西北革命军事委员会主席张国焘西北军区政治部主任陈昌浩四年一月卅日。并有一枚红色印章（印文不清）。正文列举了刘湘、田颂尧等军阀的十大罪状，号召大家团结起来，在共产党的领导下，配合红军打垮刘湘的六路"围攻"，推翻帝国主义、国民党的反动统治，保卫根据地，巩固苏维埃政权。

国家二级文物，现收藏于川陕革命根据地博物馆。

1934 年川陕苏区第三十四期《少年先锋报》

长 50 厘米，宽 34 厘米，重 5.4 克；生二元纸，八开二版，楷体，刻印，两版各有框线。报头竖排双勾体"少年先锋"，小标题为美术字，横竖搭配得当。文章内容一般为竖排版，个别从

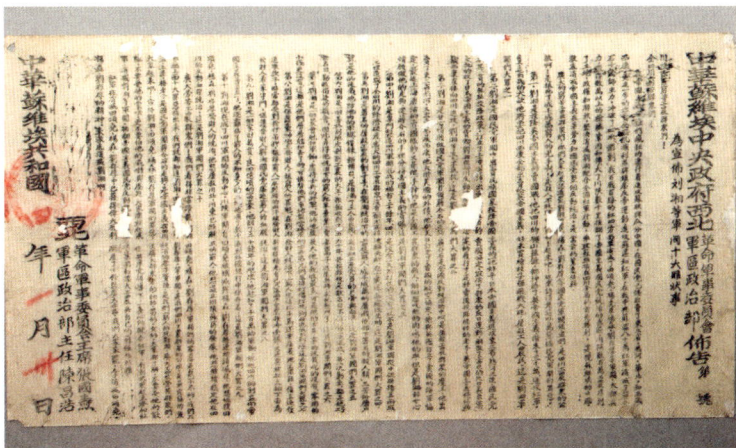

● 1934 年川陕苏区西北革命军事委员会军区政治部印发的《宣布刘湘等军阀十大罪状》文本

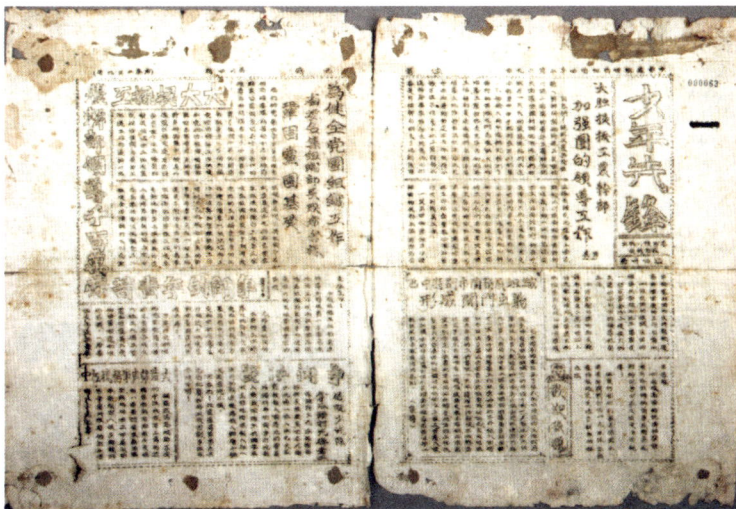

● 1934 年川陕苏区第三十四期《少年先锋报》

右至左横排，重要标题横贯通栏，醒目明了。本期共刊载五篇文章，主题是大胆提拔和使用工农干部，领导青年起来斗争。

国家二级文物，现收藏于川陕革命根据地博物馆。

1934 年川陕苏区"保护工农利益"石刻标语

该石刻质地为黄砂岩，石质较疏松，表面凹凸不平，原为崖壁石刻标语，系凿取搬移按原状而嵌。呈横长方形，横排右读，繁书楷体。内容为"保护工农利益"，落款为：红二十五师政治部。字约 63 厘米 ×43 厘米，字距约 23 厘米，笔力雄健苍劲，具有较强的政治意义和书法价值。此石刻字体用赭色颜料描摹，使字迹突出。

国家二级文物，现收藏于川陕革命根据地博物馆。

潘凤楼烈士使用过的《唐诗合解》

该书系木刻版印线装古本，长 23 厘米，宽 14.5 厘米，薄纸单面印刷对折，页码在折链下端，共 24 页。该书为《唐诗合解》卷四，字体为木刻隶书，每一句诗下竖排两行小字注解，全是竖排右读繁体。

潘凤楼烈士曾任川陕省政府秘书长兼政府机关直属团团长，

● 1934 年川陕苏区"保护工农利益"石刻标语

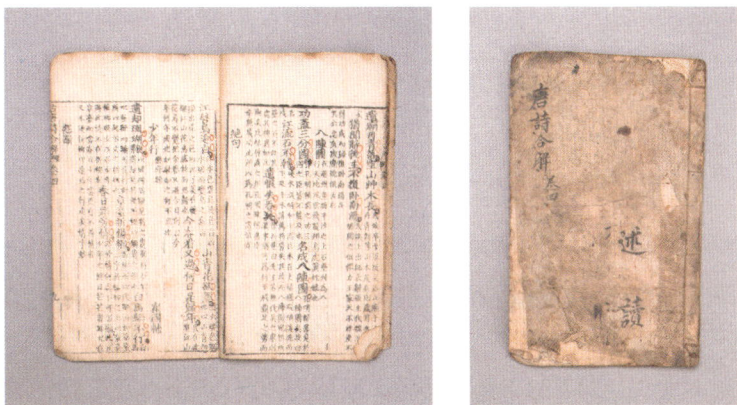

● 潘凤楼使用过的清《唐诗合解》

该书是潘凤楼少年时学习所用并保存下来，不仅见证了印刷技术的发展，也是研究唐诗的工具书。2003 年 11 月 1 日，潘凤楼亲属将该书捐献给川陕苏区将帅碑林纪念馆珍藏和展出。

2013 年 11 月 21 日，国家文物鉴定委员会专家苏欣、于建章、史占扬鉴定，一致认为该书具有很高的价值，确认为国家二级文物，现收藏于川陕革命根据地博物馆。

潘凤楼烈士使用过的清《七家诗选》

该书系木刻版印线装古本，竖排右读繁体字，纵 22.7 厘米，横 13.7 厘米。纸张单薄印刷对折页，页码在对折缝下方，共 24 页。每页诗的正文均刻有圈点和旁批，每页的上端印有眉批，扉页每页有两行竖排右读毛笔手书联"春风桃李花开日，秋雨梧桐落叶时"。该书陈旧，年代待考。

该书是潘凤楼烈士少年时学习所用并保存下来。它不仅见证了印刷技术的发展，也是研究古诗的资料。2003 年 11 月 1 日，潘凤楼亲属将该书捐献给川陕苏区将帅碑林纪念馆珍藏和展出。

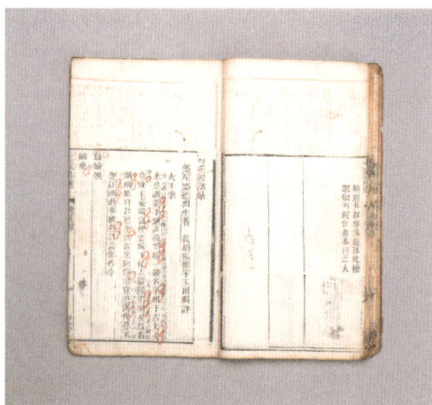

● 潘凤楼使用过的清《七家诗选》
● 红军石刻标语（红军总司令朱德同志是仪陇人）

2013 年 11 月 21 日，国家文物鉴定委员会专家苏欣、于建章、史占扬鉴定，一致认为该书具有很高的价值，确认为国家二级文物，现收藏于川陕革命根据地博物馆。

红军石刻标语（红军总司令朱德同志是仪陇人）

该红军石刻标语凿刻于横宽 130 厘米、高 36 厘米、厚 8 厘米的石条上。阴刻楷体从左至右竖排 10 行共 20 字。内容为"红军总司令朱德同志是仪陇人！"。落款：红三十军政治部。字 5.5 厘米 ×7.5 厘米到 12.5 厘米 ×11.5 厘米不等。

　　1992 年四川省文物巡回鉴定组鉴定为国家二级文物，现收藏于南江县博物馆。

十大政纲

　　1934 年 7 月，为了宣传十大政纲，中共川陕省委宣传部从鋻

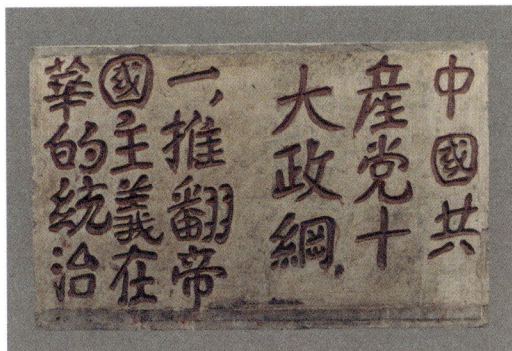

十大政纲

中国共产党十大政纲。

一、推翻帝国主义在华的统治

二、没收帝国主义在华的工厂企业和银行。

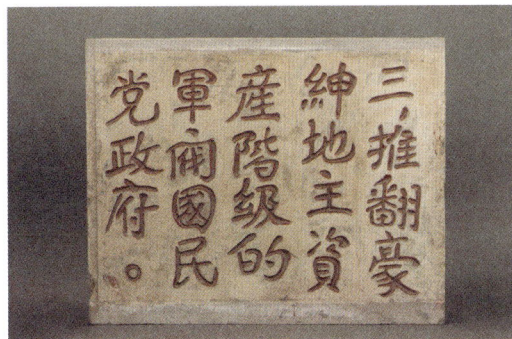

三、推翻豪绅地主资产阶级的军阀国民党政府。

四、建立工農兵蘇維埃代表會議政權。五、統一中國家認民族自決權

六、實行八小時工作增加工資失業救濟和社會保險～等。

七、沒收地主階級土地歸農民八、改善士兵生活分工給土地和工作。

九、取消軍閥地方苛捐襍稅實行統一累進稅。

十、聯合全世界無產階級和蘇聯。

紅四方面軍第卅一軍政治部

● 十大政纲

字队中抽调手艺精湛的石工，镌刻了 1928 年中共第六次全国代表大会上通过的《中国革命现阶段的十大政纲》。《十大政纲》石刻标语笔畅墨饱，入"石"三分，全面阐述了中国共产党在土地革命时期的政治纲领。该石刻标语为国家一级文物，于 1954 年被中国人民革命军事博物馆征集收藏。南江县博物馆内收藏的《十大政纲》石刻标语系 1982 年采集于八庙戏楼对面石板壁的复制品。镌刻在 8 张横宽 69 厘米至 87 厘米、高 54 厘米的石板上，字径 8—13 厘米。属提纲式，简明扼要，十分珍贵。

1992 年四川省文物巡回鉴定组鉴定为国家二级文物，现收藏于南江县博物馆。

红军石刻标语（为保卫土地而战！）

该红军石刻标语分别凿刻在 10 张石英砂石板上。第一至第七张石板阴刻楷体"为保卫土地而战"七字。石板高 99 厘米，宽 62 厘米，厚 3.5 厘米。字径宽 50—60 厘米，高 60—70 厘米，深约 2 厘米。第八张为"！"，石板高 99 厘米，宽约 20 厘米，"！"高 30 厘米，宽 13 厘米。第九、第十张阴刻楷体竖排"西北军区政治部"。石板宽 20—60 厘米，高 99 厘米，字径宽 25 厘米，高 30 厘米。

1992 年四川省文物巡回鉴定组鉴定为国家二级文物，现收藏于南江县博物馆。

1951 年土改工作团保证书

布质，红色，竖长方形，纵 77 厘米，横 52.2 厘米。四边均用机器卷边，针脚极密。该保证书，墨迹，楷书，文字和图案均对角排列，从右上角向左下角书写，共 22 排 330 字 27 个标点符

為 保 衛

土 地 而

戰 ? 西北軍區政治

部

红军石刻标语（为保卫土地而战）

● 1951 年土改工作团保证书

号。保证书上部中间斜面画有三面团旗，面上团旗下部画一齿轮和翻开的一本书，书左边页面写有"保证书"三字，"保证书"上部画有一支毛笔做书写状。保证书大意是：为了胜利地完成通江县第八区的土改工作任务，土改工作团第二支部全体同志向团长、副团长和团总支部提出，下定决心搞好工作，保持为人民服务的光荣传统，团结团员和非团员同志，坚决遵守执行川北行署及总、分、团部所颁制的各种纪律和制度等五项保证。左下角有罗玉林、杨昌荣、郭民周、唐俊、常泽民、刘玉琼、谭宗根等 47 名同志签名及落款"公元一九五一年十一月二一日"。

　　国家二级文物，现收藏于通江县红四方面军总指挥部旧址纪念馆。

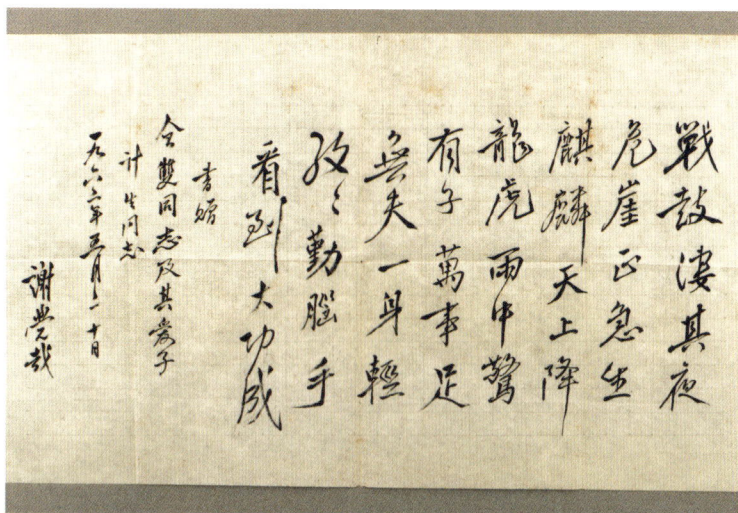

戰鼓凄其夜
危崖正急丞
麒麟天上降
龍虎雨中驚
有子萬事足
無失一身輕
政政勤騰手
看到大功成

　　書贈
全雙同志及其爱子
計出斗門志

天六二年五月二十日
　　　謝覺哉

● 1962 年谢觉哉给华全双及其子的题词

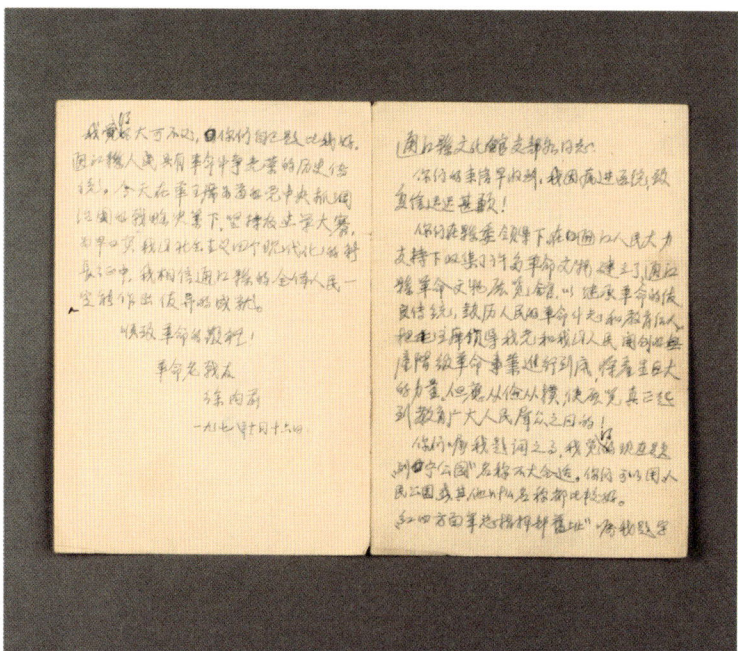

● 1978 年徐向前写给通江县文化馆支部的回信

1962 年谢觉哉给华全双及其子的题词

宣纸，横长方形，竖排，墨书行体，共 13 行。内容为"战鼓凄其夜 / 危崖正急生 / 麒麟天上降 / 龙虎雨中惊 / 有子万事足 / 无夫一身轻 / 孜孜勤脑手 / 看到大功成"。落款：书赠全双同志及其爱子计生同志 / 一九六二年五月二十日谢觉哉。

国家二级文物，现收藏于川陕革命根据地博物馆。

1978 年徐向前写给通江县文化馆支部的回信

纸质，竖长方形，长 26 厘米，宽 19.1 厘米。两页，钢笔书写。通江县文化馆支部请徐向前元帅题写"列宁公园"园名和为"红四方面军总指挥部旧址"题字，徐帅给通江县文化馆支部的回信。在信中徐帅提出了自己的意见和建议，该信充分体现了徐帅的谦逊，令人深受教育和鼓舞。

国家二级文物，现收藏于通江县红四方面军总指挥部旧址纪念馆。

1979 年中央军委副主席徐向前给川陕革命根据地博物馆的题词

二元纸，横长方形，竖排版。毛笔行书共八行，内容为"继承革命先烈们艰苦奋斗英勇牺牲的大无畏的革命精神 为建设我国四个现代化而奋斗"。落款为：徐向前一九七九年五月卅日。

国家二级文物，现收藏于川陕革命根据地博物馆。

徐向前为李培基题赠毛主席的诗词

该诗词题于白色宣纸上，装裱后置于横镜框内，镜框纵 164 厘米，横 57 厘米，厚 2.8 厘米，枣黄色框宽 2 厘米，白玻璃。宣

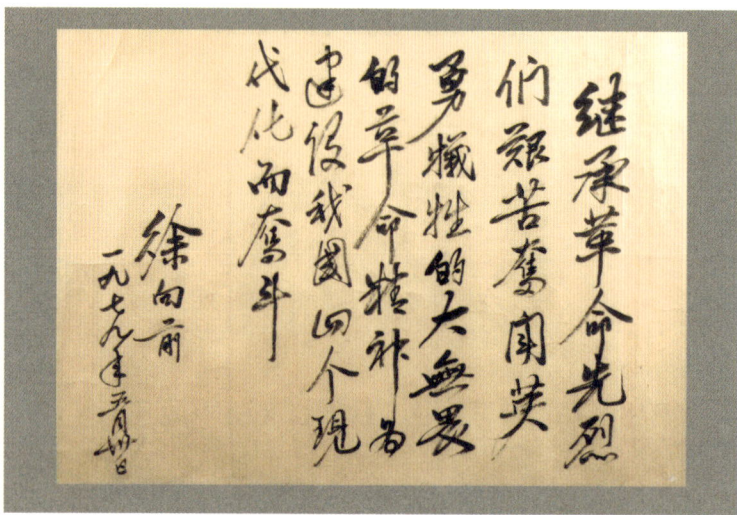

● 1979 年中央军委副主席徐向前给川陕革命根据地博物馆的题词

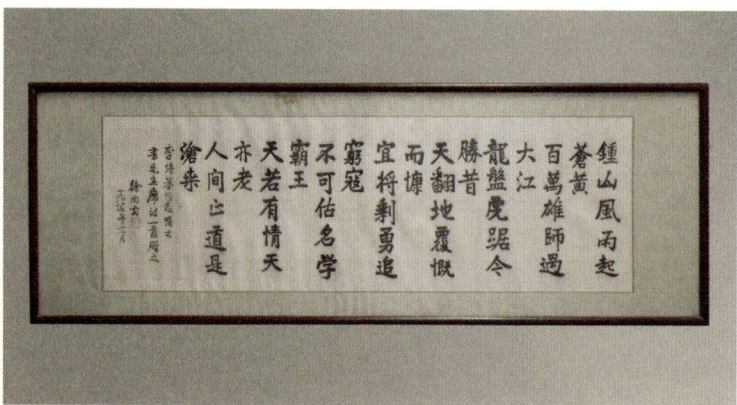

● 徐向前为李培基题赠毛主席的诗词

纸纵 129 厘米，横 42 厘米，楷书毛主席一首七律："钟山风雨起苍黄，百万雄师过大江，龙盘虎踞今胜昔，天翻地覆慨而慷。宜将剩勇追穷寇，不可沽名学霸王，天若有情天亦老，人间正道是沧桑。"从右至左竖行排列，每句列两行。首行五字，次行两字，共 16 行。每字 5 厘米。末尾小字分四行竖排，每字 2.5 厘米。前两行："李培基同志嘱书，毛主席诗一首赠之"，第三行中署名"徐向前"，押红色象文印章，印章 2.5 厘米见方。末行题书时间"一九八七年十一月"。

该条横幅是徐帅 87 岁时手迹。字迹工整，苍劲有力。诗的内容意义深远，书法更是开国元勋、国家领导人的珍品，实属珍贵。老红军李培基在长征和西路军时期任徐帅的警卫员，同徐帅三过雪山草地，喋血河西走廊，与徐帅结下了深厚的革命情谊，经常去看望徐帅。在徐帅 87 岁时，李老探望之际，请老首长为他题词，徐帅欣然题书毛主席诗一首相赠。李老十分钟爱首长的墨宝，徐帅过世之后，为了让徐帅的光辉永存，便将此题词赠送给徐帅曾战斗过的地方，捐赠给川陕革命根据地的将帅碑林纪念馆。

2009 年 3 月 18 日，四川省馆藏文物鉴定组专家于建章、苏欣、史占扬、李照和、刘振宇等鉴定，一致认为该横幅具有很高的价值，确认为国家二级文物，现收藏于川陕革命根据地博物馆。

1933 年川陕苏区赤北县二区四乡苏维埃政府木条印

1933 年川陕苏区赤北县二区四乡苏维埃政府木条印

木质，竖长条形，长 11.7 厘米，宽 2.7 厘米，厚 3.6 厘米。印面竖刻"赤北县二区四乡苏维埃政府"十二字阳文楷书。1932 年 12 月 18 日红四方面军入川占领两河口，建立两河口乡苏维埃政府后，随即在这里建立赤北县，此为红军入川建立的第一个县级政权。

国家二级文物，现收藏于通江县红四方面军总指挥部旧址纪念馆。

1934年川陕苏区中共川陕省第四次全省代表大会代表证

绸质，红色，竖长方形，纵22厘米，横10.4厘米。单面黑色油墨石印，四周用细双直线做边框。框内用两条单直线把版面格分成上、中、下三部分，上部从右至左印有直排的"中国共产党"五字，下面画有单直线和弧形排列的"川陕第四次全省代表

● 1934年川陕苏区中共川陕省第四次全省代表大会代表证

● 1927—1937 年授予老红军叶声的红军 10 周年纪念章

大会"十一字，其下印有空心镰刀、斧头、五角星交叉组合图案。中部又用双线竖长方形框将其格分成左、中、右三部分，中间印"代表证"三个大字，左边为"恩阳县六区一乡一村"九字，县、区、乡为石印，其余为手填，右边有"所代表的组织支部"八字，"支部"为手书，中部文字均为竖行排列。下部有"孙国凡同志"及编号"（省1977）"，"孙国凡"三字为手书。代表证上部边框外有毛笔书写的阿拉伯数字"187"。代表证上除填写有关内容为墨迹外，其余均为油墨石印。

国家二级文物，现收藏于通江县红四方面军总指挥部旧址纪念馆。

1927—1937 年授予老红军叶声的红军 10 周年纪念章

这枚纪念章系金属材质，古铜色，呈五角星形。正面最上方为一党徽标志，中间有一匹奔腾的骏马，象征中国必将获得解放。下面印有"1927—1937，红军十年纪念章"，字迹清晰可见。

背面为一直径 2.7 厘米的环形锁针。

土地革命战争时期，叶声历任班长、副连长、队长、营长，多次负伤，屡立战功，为革命事业做出了贡献，从而获得了这枚红军 10 周年纪念章。他一直精心保存，逝世后留给亲属。2005 年 8 月 20 日，叶声亲属将该纪念章捐献给川陕苏区将帅碑林纪念馆珍藏和展出。

2013 年 11 月 21 日，国家文物鉴定委员会专家苏欣、于建章、史占扬鉴定，一致认为该纪念章具有很高的价值，确认为国家二级文物，现收藏于川陕革命根据地博物馆。

1938 年抗日军政大学颁发给老红军李玉兰的抗大毕业证

这张毕业证书为单页对折的土黄色纸，纵 15.3 厘米，对折后宽 10 厘米。封面正中有一纵 8.8 厘米、横 1.5 厘米的条形花边竖框，竖框内竖排繁体字"毕业证书"，内页右侧上方的编号是

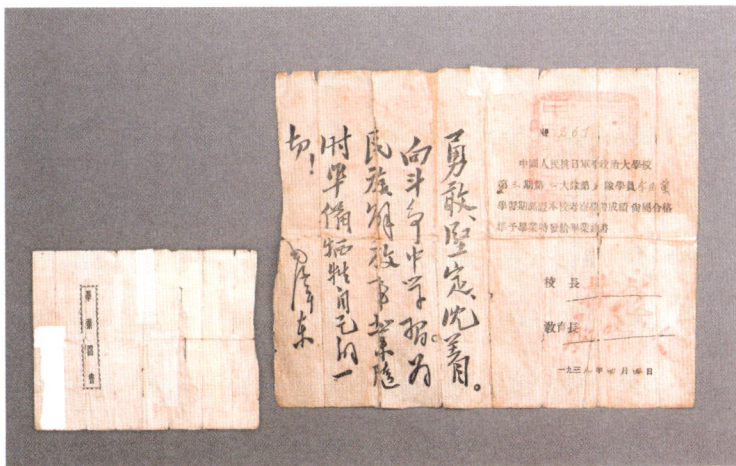

● 1938 年抗日军政大学颁发给老红军李玉兰的抗大毕业证

"No.267"，盖有 5 厘米 ×5 厘米的红色抗大篆字印章，部分字迹模糊难辨。正文是"中国人民抗日军事政治大学校第三期第二大队第三队学员李玉兰学习期满，经本校考察学习成绩尚属合格，准予毕业，特发给毕业证书"，下端盖有校长林彪和教育长的签字红色章。发证时间为"一九三八年四月四日"，左侧是毛泽东的手迹"勇敢、坚定、沉着，向斗争中学习。为民族解放事业随时准备牺牲自己的一切！毛泽东"。该证书时代久远，多处折痕用胶布粘贴。

抗日军政大学是中国共产党领导下，培养军事政治人才的最高学府，是革命的摇篮。老红军李玉兰 1938 年 4 月 4 日毕业于抗日军政大学，荣获此毕业证，不仅是个人荣誉，也见证了当年的那段历史。李玉兰珍藏了 60 余年，于 2003 年 8 月 23 日捐献给川陕苏区将帅碑林纪念馆珍藏和展出。

2013 年 11 月 21 日，国家文物鉴定委员会专家苏欣、于建章、史占扬鉴定，一致认为该毕业证书具有很高的价值，确认为国家二级文物，现收藏于川陕革命根据地博物馆。

1944 年陕甘宁边区政府授予老红军李国文的模范护士纪念章

该纪念章呈长方形，纵 3 厘米，横 2.1 厘米。背面、周边为金属，正面镶嵌有机玻璃，白底黑字。右侧为毛主席像，左侧上方为红色五星图案。红五星正下方的长方形线框内有"模范战士"四字，其右下方的小字是"陕甘宁边区政府奖"。背面有固定锁针。

该模范护士纪念章系老红军李国文于 1944 年 5 月 12 日在延安和平医院护士节纪念大会上由陕甘宁边区政府颁发的奖章，由

● 1944 年陕甘宁边区政府授予老红军李国文的模范护士纪念章

毛主席亲授。该章一共制作八枚，奖给八位护士。其中，以李国文的事迹最突出、最典型。1944 年 6 月 6 日，延安的《解放日报》对他做了专题报道。李国文时任和平医院疗养科护士长，他荣获此章后一直珍藏并留给亲属。逝世后，由亲属捐赠给将帅碑林纪念馆。

2011 年 7 月 5 日，国家文物鉴定委员会专家肖贵洞、赵永芳、苏欣、史占扬鉴定，一致认为该模范护士纪念章具有重要价值，确认为国家二级文物，现收藏于川陕革命根据地博物馆。

1950 年授予王树声的解放华北纪念章

纵 3.8 厘米，横 3.6 厘米。由谷穗、齿轮和五角星组成的八一军旗构成纪念章的外圆环。正中是全副武装的解放军腰缠子弹袋，胸前双手握一冲锋枪，背后插一把带彩带的大刀。下方

为呈上旋式排列的"华北解放纪念"六字。纪念章除红旗为红色外，其余全系镀金黄色。纪念章的正中上方挂环套，有长 3 厘米、宽 2 厘米的红色纺织品绶带，中有斜纹状红色横杠，条框上焊有横向别针。纪念章背面为平面，正下方铸"1950"字样。

在三年解放战争中，人民解放军首先取得了辽沈战役的伟大胜利，解放了东北地区。进而又取得了太原战役、平津战役的胜利，解放了华北地区。为了纪念这一伟大的胜利，华北军区颁发了华北解放纪念章。王树声大将在解放华北战役中功勋卓著，获得了华北解放纪念章一枚，他一直保存，逝世后留给亲属。2003年 9 月 14 日，王树声亲属将该纪念章捐赠给川陕苏区将帅碑林纪念馆珍藏和展出。

2013 年 11 月 21 日，国家文物鉴定委员会专家苏欣、于建章、史占扬鉴定，一致认为该纪念章具有很高的价值，确认为国家二级文物，现收藏于川陕革命根据地博物馆。

1951 年王树声佩戴的胸章

该胸章呈长方形。横 8 厘米，纵 4 厘米。正面系白色细布做底，由 0.2 厘米宽的红色绒条框成一个内长方形，外白边宽 0.3 厘米，红色长方形框内上印黑色仿宋"中国"二字，距离间隔 1.2 厘米，下印黑色仿宋"人民解放军"五字并均匀排列印成。背面系黑色细线印成横格框。左边竖写"王树声"三字，其余横排格；上"部别"栏内，用毛笔填写"湖北军区司令部"七字；中"职别"栏内，毛笔填写"司令员"三字；下印黑色仿宋"一九五一年度佩用第 × 号"等印刷字，"○○○一"四个号码系毛笔填写。正、背两面的字迹清晰，保存完好，但色泽已有所褪减。

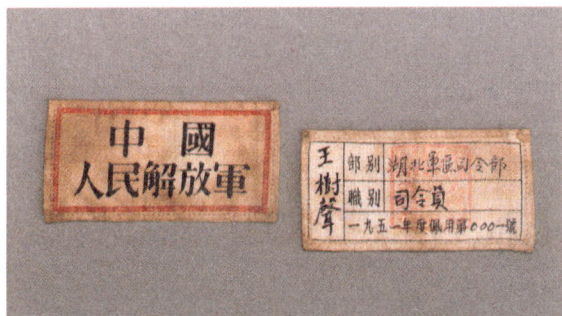

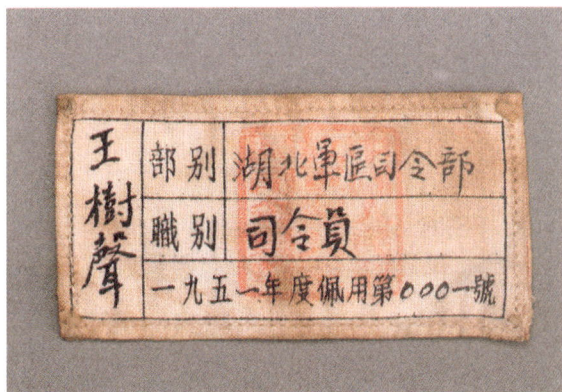

● 1951 年王树声佩戴的胸章

这枚胸章是王树声同志于 1951 年任湖北省军区司令员时佩戴的，编号是"〇〇〇一"号。2007 年 7 月，王树声夫人杨炬同志将此胸章捐赠给将帅碑林纪念馆。这枚胸章为开国大将所佩戴，意义重大。

2011 年 7 月 5 日，国家文物鉴定委员会专家肖贵洞、赵永芳、史占扬、苏欣等鉴定，一致认为该胸章具有很高的价值，确认为国家二级文物，现收藏于川陕革命根据地博物馆。

1954 年授予王树声的全国人民慰问人民解放军纪念章

该纪念章的设计构图是大小不等的两个仿古莲瓣纹五角星图案上下顶角和底边相互错位重叠扣合。下莲瓣纹对角线长 4.2 厘米，呈金黄色；上莲瓣纹对角线长 4 厘米，呈银灰色。中部嵌 0.1 厘米金色凸线，构成直径 2.3 厘米的圆。圆内是镀金的红五角星，正中为金色的天安门图案，一冲锋枪与一树枝在天安门下交叉。在底层五角星的顶尖上是绶带标，系红色纺织品。中呈斜纹状的黄色带长 1.7 厘米，由两个铜质条框穿着，条框上焊一横向别针。纪念章背面上部呈下旋式排列"全国人民慰问人民解放军代表团赠"，下部直排"1954.2.17"，正中有五角星相重合的扣合孔。

抗美援朝战争胜利后，全国人民慰问人民解放军代表团代表分赴各地慰问英勇的人民解放军。王树声大将作为解放军的高级将领，获得这枚全国人民慰问人民解放军纪念章，他一直保存，逝世后留给亲属。2003 年 9 月 14 日，王树声亲属将该纪念章捐献给川陕苏区将帅碑林纪念馆珍藏和展出。

2013 年 11 月 21 日，国家文物鉴定委员会专家苏欣、于建章、史占扬鉴定，一致认为该纪念章具有很高的价值，确认为国

● 1954 年授予王树声的全国人民慰问人民解放军纪念章

● 1955 年王树声佩戴的领章

家二级文物，现收藏于川陕革命根据地博物馆。

1955 年王树声佩戴的领章

该领章呈平行四边形。横 6.7 厘米，纵 3 厘米。红色平绒布做底色，四周边缘宽 0.3 厘米，用金黄色细线，由机制锁成突起的轮边，中间四枚五角星均固定在红色平绒布上，五角星的五个角用金色和草绿色两种细线互相间隔，用机器横向锁成。像用两种不同色泽的线缠裹而成。五角星的正中扎成一个正五边形（黄色）。背面系草绿色的细布覆盖，中间内衬胶质布板。

该领章是王树声同志于 1955 年任中南军区副司令员时佩戴，虽无编号和姓名，但是从他穿过的上装领上摘下来的。2007 年 7 月，由王树声夫人杨炬同志捐赠给将帅碑林纪念馆珍藏和展览。该领章为共和国开国大将所佩戴，意义重大，非常珍贵。

2009 年 3 月 18 日，四川省馆藏文物鉴定组专家于建章、苏欣、史占扬、李照和、刘振宇等鉴定，一致认为该领章具有极高的价值，确认为国家二级文物，现收藏于川陕革命根据地博物馆。

1955 年授予老红军杨启轩的朝鲜二级自由独立勋章

该勋章直径 5.8 厘米。设计构思：以一个红五角星为圆弧面的主体，整个勋章面向外凸起，中间由双线同心圆构成一个球面，直径 2.8 厘米，球面中系一跨大步的军官形象，他右手握着短枪，扭头向后，左手挥舞，招呼身后战士向前冲锋。侧面一部坦克开路，他身后一名士兵双手端着长枪，跟着他一起向前冲，头顶有两架飞机做掩护，构成一个宏大的战斗场面。在红旗上、下边缘，有卷起飘扬的深蓝色边。红五角星五个外角，有光芒四射的光芒线，与五角的长构成一个圆形凸面。勋章背面的凹面正中是一光滑球面，中线凸起三个铆钉。

新中国成立伊始，美国操纵联合国对朝鲜发动了一场侵略战争。战火很快烧到了我国东北边境鸭绿江边。为了保家卫国，1950 年 10 月中国人民志愿军跨过鸭绿江，抗美援朝。中朝军队并肩作战，将"联合国军"赶到三八线以南，美国最后不得不在板门店签署了朝鲜停战协议。中国人民志愿军在这场反侵略的战争中战功卓著，对抗美援朝的胜利起了决定性的作用。朝鲜政府为了铭记中国人民志愿军的不朽功勋，为志愿军将领颁发了勋章。老红军杨启轩时任志愿军三十九军后勤部部长，为保障供给贡献突出，荣获朝鲜政府授予的二级自由独立勋章。这枚勋章，不仅是中朝友谊的见证，也是个人功绩的象征。此后，他珍藏了50余年，于2007年捐赠给川陕苏区将帅碑林纪念馆。

2011年7月5日，国家文物鉴定委员会专家肖贵洞、赵永芳、史占扬、苏欣等鉴定，一致认为这枚二级自由独立勋章具有很高的价值，确认为国家二级文物，现收藏于川陕革命根据地博物馆。

● 1955年授予老红军杨启轩的朝鲜二级自由独立勋章

1955 年授予老红军杨启轩的二级红旗勋章

该勋章材质为金属，由四层中心点重合、边角相互对应的图案重合而成。其中最大的直径 4.5 厘米，最小的直径 1.8 厘米。第一层为边长 3.4 厘米仿古莲瓣纹的正五边形图案；第二层为对角线长 4.5 厘米仿古莲瓣纹的五角星图案；第三层在两个直径分别为 3.6 厘米和 3.2 厘米的同心圆上构成两个十角形图案，角是以各自 36 度的圆弧构成它的边长。它的内外层分别为红色和深蓝色。第四层为直径 1.8 厘米的圆内四射的光芒线。它的正中是对角线长 0.8 厘米，五角中部凸起、立体感很强的五角星。勋章的背面呈下凹的球面，上有朝鲜文，正中一螺杆长 1.2 厘米，螺帽呈球面，直径 3.2 厘米，孔侧有两个乳钉形的凸面。

抗美援朝战争期间，杨启轩任志愿军三十九军后勤部副部长、部长，为抗美援朝做出了突出的贡献。抗美援朝战争胜利后获得了这枚二级红旗勋章。该勋章是对杨启轩为抗美援朝做出突出贡献的表彰。2007 年杨启轩亲自将这枚二级红旗勋章捐献给川陕苏区将帅碑林纪念馆珍藏和展出。

2013 年 11 月 21 日，国家文物鉴定委员会专家苏欣、于建章、史占扬鉴定，一致认为该二级红旗勋章具有很高的价值，确认为国家二级文物，现收藏于川陕革命根据地博物馆。

1962 年王树声的革命残废军人抚恤证

该抚恤证为长方形，纸质，长 10.3 厘米，宽 7.5 厘米，厚 0.2 厘米，重 28 克。封面为红色，正上方为"革命残废军人抚恤证"字样，中间为八一五角星图案，下方为"中华人民共和国内务部制"。展开后第一页附有照片，内容从上到下表格排列："姓名：王树声；性别：男；民族：汉；年龄：未填；籍贯：湖北省麻城；入伍时间：未填；残废的时间、地点及原因；残废

● 1962 年王树声的革命残废军人抚恤证

时所在部队、军衔和担任的职务"。第二页内容从上到下表格依次排列"残废情形；残废等级：贰等乙级；退伍退休日期：未填；填发机关：军事科学院院务部卫生处；填发人；备考"。整个抚恤证保存完好，色泽陈旧。

王树声大将为革命多次负伤，1962年中华人民共和国内务部为他颁发了革命残废军人抚恤证。该证书是对王树声大将为革命做出巨大贡献的肯定和见证。王树声大将一直保存，逝世后留给亲属。2003年9月14日，王树声亲属将该抚恤证捐献给川陕苏区将帅碑林纪念馆珍藏和展出。

2013年11月21日，国家文物鉴定委员会专家苏欣、于建章、史占扬鉴定，一致认为该抚恤证具有很高的价值，确认为国家二级文物，现收藏于川陕革命根据地博物馆。

第7节

印章

汉立义行事印

　　纵2.6厘米，横2.6厘米，高2.4厘米，重60克，此印为方形，质地青铜，顶部有桥形纽，字体为小篆，印文为"立义行事"四字。此印具有一定的研究价值。

　　国家二级文物，现收藏于平昌县文保中心。

汉军假司马印

　　纵2.5厘米，横2.5厘米，高2.4厘米，重60克，此印为方形，质地青

● 汉军假司马印

● 汉军假侯印

● 汉别部司马印

铜，顶部有桥形纽，字体为小篆，印文为"军假司马"四字。此印具有一定的研究价值。

国家二级文物，现收藏于平昌县文保中心。

汉军假侯印

纵 2.5 厘米，横 2.5 厘米，高 2.2 厘米，重 60 克，此印为方形，质地青铜，顶部有桥形纽，字体为小篆，印文为"军假侯印"四字。此印具有一定的研究价值。

国家二级文物，现收藏于平昌县文保中心。

汉别部司马印

纵 2.4 厘米，横 2.4 厘米，高 2.3 厘米，重 60 克，此印为方形，质地青铜，顶部有桥形纽，字体为小篆，印文为"别部司马"四字。此印具有一定的研究价值。

国家二级文物，现收藏于平昌县文保中心。

● 1933 年徐向前赠予魏天刚的斗笠

第 8 节

其他红色文物

1933 年徐向前赠予魏天刚的斗笠

1933 年徐向前赠予魏天刚的斗笠，直径 60.5 厘米，高 9 厘米，重 480 克。以竹青细篾扎顶绲边，圆形，尖顶，竹面涂上桐油。1933 年，红四方面军在土地堡召开堡军事会议期间，徐向前将此斗笠赠予魏天刚。

国家二级文物，现收藏于平昌县文保中心。

1933—1935 年川陕苏区红军试枪树

长 245 厘米，宽 37 厘米，厚 27 厘米。1934 年，川陕革命根据地红军兵工厂三枪房设在今通江县永安镇六村三组郑家院子，枪房工人以厂房前水田埂上的一棵柏树作为靶子试枪。1979 年此树被雷电击死，同年树主郑庭福将其砍倒截断，第一截做了燃料。据郑庭福讲，里面残存很多弹头，余下的第二截于 1981 年 10 月为博物馆征集收藏。

此件原为圆木，是树主于 1979 年砍倒后截段剖开，成为两块，两块木头的剖面各有红军试枪射入的子弹头六颗，其中一块的中下部有一槽穴，长 216 厘米，系当年红军试枪子弹穿透后留下的痕迹。

国家二级文物，现收藏于川陕革命根据地博物馆。

1944 年老红军尤太忠缴获日军的毛毯

该毛毯系细羊毛纺织品，米黄色，长 210 厘米，宽 180 厘

● 1933—1935 年川陕苏区红军试枪树

● 1944 年老红军尤太忠缴获日军的毛毯

米。纵向两端旁边 15 厘米处，有两条宽 7 厘米的红色线条横贯毛毯直达两边。毛毯正中横向旁边约 60 厘米处，印有"USinm 克"字样，部分脱落，染料依稀可辨。毛毯下方红色条外与边之间的正中，印有"1944"，长 8 厘米，宽 2.2 厘米。

在抗日战争时期，中国共产党领导的八路军、新四军深入敌占区，给侵略者以沉重的打击。除了发起多次重大战役、战斗外，还开展了敌后游击战，让日军闻风丧胆。八路军和新四军为了拯救民族危亡做出了可歌可泣的贡献。老红军尤太忠在抗日战争时期，任八路军一二九师三八六旅十七团团长，作战以勇猛著称，他参加了惊破敌胆的百团大战和多次反"扫荡"战斗。1944 年，他将缴获日军的战利品——一床毛毯保存下来，作为胜利的纪念。老人十分珍惜，逝世后留给亲属，2005 年 3 月 15 日，尤老夫人王雪晨专程来将帅碑林参观时，将她珍藏的这床毛毯捐献给将帅碑林纪念馆。

2009 年 3 月 18 日，四川省馆藏文物鉴定组专家苏欣、李照和、史占扬、于建章、刘振宇鉴定，一致认为该毛毯具有重要价值，确认为国家二级文物，现收藏于川陕革命根据地博物馆。

1946 年萧华戴过的棉帽

该帽系北方军民通用的火车头形防寒帽。绿色斜纹华达呢为面，深色平纹布料为里。前额和护脖、护身部分为深色毛皮，毛长 1 厘米左右，毛皮宽度，前额、脖颈处为 10 厘米，护身长 18 厘米，宽 10 厘米左右。通常戴时毛皮在外（上翻），御寒时从锚定的两护身尖端解开绳带向下翻，毛皮向内贴肉。

解放战争时期，萧华任东北野战军第一兵团、第十三兵团政委。在冰天雪地的环境里作战，防寒是自我保护的当务之急。这顶毛皮棉帽就是萧华将军当时戴的，虽然以后很少戴它，却舍不得丢弃，看到它就想起当年的烽火岁月，于是珍藏下来。将军逝世后，棉帽由亲属保管。2003 年 9 月 23 日，萧华夫人、正军职

● 1946 年萧华戴过的棉帽

老红军王新兰将它捐献给将帅碑林纪念馆珍藏。

2009年3月18日，四川省馆藏文物鉴定组专家苏欣、李照和、史占扬、于建章、刘振宇鉴定，确认该棉帽为国家二级文物，现收藏于川陕革命根据地博物馆。

1951年巴中警卫营赠予孙常忠的抗美援朝纪念丝巾

长70厘米，宽62厘米，长方形，丝巾一角有红色的五角星，上面弧形排列"抗美援朝最光荣"字样，角端有年号"1951"；下面为"巴中警卫营全体赠"，文字均为红色。

国家二级文物，现收藏于川陕革命根据地博物馆。

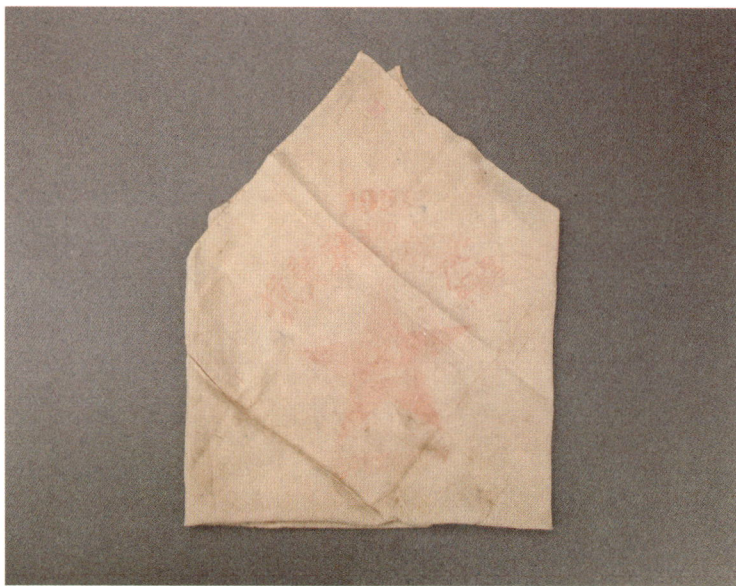

● 1951年巴中警卫营赠予孙常忠的抗美援朝纪念丝巾